U0932869

世界高端文化珍藏图鉴大系

奇珍异宝

玛瑙·琥珀·珊瑚·水晶 收藏与鉴赏

AGATE AMBER CORAL CRYSTAL

玮珏 / 编著

新世界出版社

图书在版编目（CIP）数据

奇珍异宝：玛瑙·琥珀·珊瑚·水晶收藏与鉴赏 / 玮珏编著. -- 北京：新世界出版社，2013.11

ISBN 978-7-5104-4681-8

Ⅰ. ①奇… Ⅱ. ①玮… Ⅲ. ①石料美术制品—收藏②石料美术制品—鉴赏 Ⅳ. ① G894 ② TS933.2

中国版本图书馆 CIP 数据核字 (2013) 第 257137 号

奇珍异宝：玛瑙·琥珀·珊瑚·水晶收藏与鉴赏

作　　者：玮　珏
责任编辑：张建平　李晨曦
责任印制：李一鸣　王丙杰
出版发行：新世界出版社
社　　址：北京西城区百万庄大街 24 号（100037）
发 行 部：（010）6899 5968　（010）6899 8733（传真）
总 编 室：（010）6899 5424　（010）6832 6679（传真）
http：//www.nwp.cn
http：//www.newworld-press.com
版 权 部：+8610 6899 6306
版权部电子信箱：frank@nwp.com.cn
印　　刷：北京市松源印刷有限公司
经　　销：新华书店
开　　本：787 × 1092　1/16
字　　数：230 千字
印　　张：18
版　　次：2014 年 1 月第 1 版　2018 年 7 月第 2 次印刷
书　　号：ISBN 978-7-5104-4681-8
定　　价：100.00 元

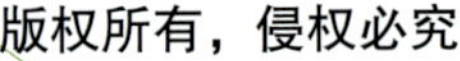

preface 前言

中华文化博大精深，悠悠岁月孕育了中国的收藏文化。改革开放以来，社会不断进步，我国的收藏市场从封闭走向开放。在物质条件日益丰厚的今天，人们更加追求精神生活的满足，因此民间收藏活动蓬勃发展起来。收藏品拍卖市场的出现，为我国民间收藏活动带来了新的观念和新的交易方式。现今民间的收藏人数逐年递增，收藏行业的管理也正向着规范化方向发展。人们在收藏的同时，将浓厚的情感寄托其上，藏品的物质价值和文化价值也随着时间的积淀而不断地提升。

在这种大环境下，现如今我国的收藏市场不断升温，民间的收藏活动很活跃，市场上种类繁多的各类藏品令人们目不暇接。本书精心选取了玛瑙、琥珀、珊瑚、水晶这四种收藏市场上倍受青睐的明星展开了介绍。玛瑙色彩斑斓、纹理美丽，享尽了世人的赞誉；神秘的琥珀散发出迷人魅力，令世人深深沉醉；珊瑚有千年灵物之称，是珠宝玉石中唯一有生命的宝石；水晶晶莹剔透、坚硬纯洁，被人

们认为是坚贞不屈、纯洁善良的象征。它们走过千万年岁月，却历久弥新。

作为珠宝收藏爱好者，首先需要对珠宝品种的特征有一个较为准确的了解。如今收藏市场珠宝种类繁多，鱼龙混杂，真假难辨。本书从实际出发，向读者介绍了玛瑙、琥珀、珊瑚、水晶的特征、文化、形成、品种、保养、真假鉴定等方面的内容。本书资料翔实、图文并茂、通俗易懂，希望给广大珠宝收藏爱好者提供一些有益的帮助。

由于笔者能力和水平有限，书中可能会有不妥之处，热切期待专家的批评指正和支持帮助，非常感谢。

Contents

目录

佛教圣物——玛瑙

神秘化石——琥珀

目录

千年灵物——珊瑚

千年之冰——水晶

玛瑙

佛教圣物

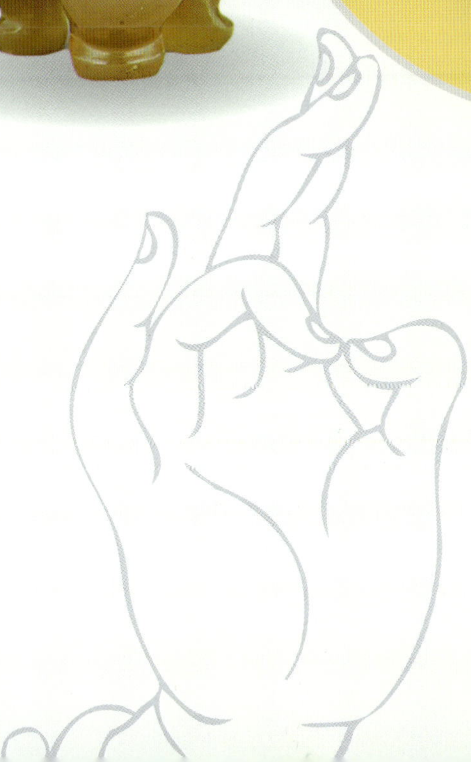

图 | 天然绿玛瑙手串

玛瑙概况

玛瑙的定义

玛瑙属于玉髓类矿物，一般是混有蛋白石和隐晶质石英的纹带状块体，其颜色非常有层次感。一般制作成饰品。古代贵族的墓中常可见到玛瑙制品。

玛瑙也作码瑙、马瑙、马脑等，英文名称为 Agate，有记载说由于玛瑙的原石外形很像马脑，因此被叫作“玛瑙”。不论是在圣经或佛教记录中，都有关于玛瑙的记载。在东方，它是“佛教七宝”之一。需要说明的是，玛瑙其实是一种晶体，只不过属于隐晶质结构，由于结晶过于细小而不易被观察

图 | 925纯银红玛瑙吊坠——心心相印

出来。

我国古代关于玛瑙的记载有很多。汉代以前的史书记载中，玛瑙被称为“琼玉”或“赤玉”。《广雅》中曾有记载说“玛瑙石次玉”和“玉赤首琼”。“玛瑙”一语来源于佛经。梵语本名“阿斯玛加波”，意为“玛瑙”，可见“琼玉”或“赤琼”的称呼变更为“玛瑙”，是在佛教传入我国后。

玛瑙以其斑斓的色彩和美丽的花纹常被作为饰品或供人赏玩，另外在工业上也有用途，可用在精密仪器等工业用品上。

玛瑙的特征

玛瑙作为一种玉石，自古以来就象征着富贵、幸福、吉祥。玛瑙的三大特征是瑰丽、坚硬、稀有。

玛瑙的颜色相当丰富，有红、黑、黄、绿、蓝、紫、灰等各种颜色，玛瑙的一大特点是其大部分都具有各种不同颜色的层状及圆形条纹环带，和树木的年轮相像。较稀有的高档玛瑙是蓝、紫、绿色玛瑙，又名“玉髓”，像白色、灰色、棕色和红棕色的是很常见的玛瑙。将其切开，从剖面可以看到由多种不同颜色组成的同心圆状、波纹状、层状或平行条带。民间还流传着“千种玛瑙万种玉”的说法。总之，玛瑙五彩缤纷、种类繁多，深受世人青睐。

玛瑙是水晶的基床，玛瑙矿石上经常长有水晶，玛瑙同水晶一样化学成分都是二氧化硅。玛瑙硬度很大，以前科技与生产技术水平都不发达，因此玛瑙制品比较奢侈，寻常百姓是买不起的，但玛瑙外观惹人怜爱，从古至今，经久不衰。

图 | 彩玛瑙项链

图 | 红玛瑙项链

玛瑙属于三方晶系。常呈致密块状而形成如乳房、葡萄、结核等各种构造，同心圆构造是最常见的。玛瑙呈半透明至透明状，断口呈贝壳状，具有玻璃光泽。所谓光泽，即宝石矿物表面对光的反射能力。根据光泽的强弱可以将光泽分为金属光泽、半金属光泽、金刚光泽和玻璃光泽等。莫氏硬度 6.5 ~ 7，比重 2.6 ~ 2.7，折光率 1.535 ~ 1.539。

玛瑙形状各异，质地细腻，光滑温润，拥有斑斓的色彩和美丽的花纹，是加工成首饰、摆件的上等材料。手工艺者赋予美丽的玛瑙奇特的构思，巧妙的设计，再加上他们精湛的工艺，让一件件非凡的艺术珍品得以展现在世人眼前。

玛瑙的传说与文化

玛瑙的传说

玛瑙拥有悠久的历史，伴随人类走过了千年岁月，在古今中外漫长的文化积淀中，形成了许多关于玛瑙的神话传说。

图丨玛瑙狮钮香炉

在西方的神话中有这样一个故事。阿佛洛狄是一位爱和美的女神，有一天她躺在树荫下休息，这时她的儿子爱神厄洛斯趁她睡熟，把她闪闪发光的指甲偷偷剪了下来。厄洛斯对指甲爱不释手，还高兴地飞了起来。飞到空中以后，厄洛斯一不小心把指甲掉落了，而掉落到地上的指甲变成了石头，形成了玛瑙。许多人认为拥有玛瑙，可以促进自己与爱人之间感情的升华。

图丨镶金兽首玛瑙杯

另外一个传说讲的是，很久以前有一片河岸，上面有许多玛瑙石，岸边有一座达斡尔族的城寨，名字叫托尔加。城寨的首领叫多音恰布，他最自豪的就是自己有个很能干的儿子，他的儿子十岁了，上天赐予了他一双神奇的大眼睛。他生下来就认识各种飞禽走兽，江水最深处的东西也能看得一清二楚。托尔加城寨的人们利用他那双神奇的眼睛，可以打到很多的野兽，捕鱼也方便极了。因此，阿爸给他起名叫阿莫力，意思是神赐给他的眼睛。

有一年秋天，多音恰布被邻近部落的首领邀请率全寨族人前去赴宴。为了让大家放心，阿爸让阿莫力留下来守护城寨。阿莫力答应了。阿爸还提醒阿莫力，大雁飞回南方的时候，就该向朝廷进献玛瑙石了，一定要记得去寻找玛瑙石。

阿爸率族人出发后，阿莫力就开心地跑到沙滩上去寻找最璀璨的玛瑙石去了。阿莫力正耐心地寻找着，突然一道金光在他明亮的大眼睛前闪了一下，他立即奔向金光。金光在水底，阿莫力一下子跳进了水中。过了一会儿，阿莫力找到了一颗如金子般璀璨的圆圆的玛瑙石。

图丨红玛瑙笑佛吊坠

图丨玛瑙鱼篓纹鼻烟壶

阿莫力捧着金色的玛瑙欢呼雀跃，很快夕阳西沉了，他累了，就躺在草地上，进入了甜甜的梦乡。他把放着迷人的金光的玛瑙放在了胸脯上。

突然，天空布满乌云。随即，几艘大帆船从山岬背后悄悄窜了出来，帆篷肮脏破败极了。

这时，阿莫力醒了，他吓了一跳，他的周围站了好几个陌生人。他们黄头发，蓝眼睛，高鼻子，留着乱蓬蓬的胡子，胸脯上都挂着一个十字牌，每个人手上都握着家伙……

他们长得凶神恶煞，但是阿莫力还是遵从家族的规矩，上前热情地问："尊贵的客人，你们是从哪儿来的呀？"

在这群人中，出来了一个"大胡子"，他深深地鞠了一躬说道："我们是世界各邦之主、伟大沙皇陛下的忠实臣民。"

"那你们来这里干什么呢？"

"我们是来保护你们的。"

"保护？哈……"阿莫力笑了。然后，他说："谢谢你们沙皇的好意。但是，我们达斡尔人完全有能力保护自己！"

“英俊的小王子，我告诉您，只要你们向沙皇交了实物税，沙皇的恩典就会如影随形……”

“实物税是什么呢？”

“大胡子”贪婪地盯着阿莫力手里的金玛瑙说：“比如，您手里那块金光闪闪的宝石就行……”

“这个金玛瑙，我们是要献给皇上的。”阿莫力诚实地说。

“噢，既然如此，我们用我们自己的宝物和你交换吧。”说着，他让手下打开了舱门。

阿莫力用他神奇的眼睛一扫，就看出那根本不是什么宝物，明明是些碎石块。于是阿莫力就摇了摇头表示不同意。

“大胡子”的眼睛完全被金玛瑙吸引了，他讨好地说：“小王子，我能摸摸你的金玛瑙吗？”

阿莫力听他这样讲，心里有些戒备，可是他又一想，就只是摸摸而已，又不是拿走。于是他把玛瑙递给了大胡子。

图 | 天然红玛瑙手串

图 | 红白玛瑙蝙蝠桃树花插

“大胡子”激动地双手接过了金色的玛瑙，随即就把它揣到了怀里。

阿莫力见状生气地说：“你怎么把玛瑙揣起来了，赶紧还给我。”

“大胡子”无赖地仰天大笑：“还你？东西在我手里，就是我的！”

阿莫力气极了，他奋力撞向“大胡子”。“大胡子”没防备就被撞了个大跟斗，金色的玛瑙从他身上掉了出来，阿莫力迅速拾起来，就赶忙向烽火台跑去。强盗们立即在后边追赶。

阿莫力奔到烽火台就迅速地解下弓，迅速地向远处射了一枝响箭。射完后，烽火台就被强盗们围住了……

再说在临近部落的酒宴上，所有人都在非常开心地饮酒、说笑。突然，一枝响箭落在了多音恰布面前铺的一张大兽皮上。

听到声响后，在草地上欢宴的人们都停住了。大家想，城寨里肯定出意外了。

于是多音恰布率领族人，快马加鞭地赶回了城寨。

眼前的一幕让大家都震惊了，烽火台上燃着烈火、冒着浓烟，到处都是被强盗抢夺破坏后的破败景象。勇敢的族人们愤怒地上前与强盗展开了搏斗，于是强盗们死的死，逃的逃。

人们到处寻找阿莫力，可是直到天黑，还是不见阿莫力的踪影。可全寨人都没有放弃，他们继续寻找。突然，一道红光从坍塌的烽火台上射出，红光越来越亮，把整个城寨和天空都映红了。人们赶忙奔向烽火台，在一堆白骨上，发现了一颗沾满血迹的玛瑙。

多音恰布捧起沾血的玛瑙，含着眼泪说："这上面的血要是我儿子的，就一定能和我的血液溶在一起。"说着，他咬破了手指，把鲜血滴在玛瑙上，鲜血很快扩散，与原来的血溶在了一起。

捧着玛瑙，多音恰布满腔仇恨地说："我儿子的灵魂要是在这上面，就一定能指引我，害死我儿子的魔鬼在哪里。"话音刚落，玛瑙里就映出了一棵树，树上躲着一个小小的魔影。

多音恰布立刻率族人奔向那棵大树，有人向着浓密的枝叶射了一箭，树上掉下来了一个满脸污血的人，这人正是那个"大胡子"。

"大胡子"无辜地说："我遇见了野兽，没有办法，我只好上了树……"

多音恰布根本不信他的花言巧语，立即拔剑将他杀了，并开了他的膛，

图 | 玛瑙手镯

图 | 天然玛瑙手串

图 | 玛瑙卧莲鸳鸯摆件

人们在他的胃肠里还发现了很多人的头发和牙齿……

多音恰布伤心欲绝地捧着用鲜血染红的玛瑙。突然，他发现玛瑙石里又映出了几只载着魔影的小船。他猜想这些船肯定是来接应树上的大胡子的。

后来，在被阿莫力鲜血染红的玛瑙石的帮助下，达斡尔人终于打败了那些吃人的恶魔。

红玛瑙从此得名，它的珍贵之处在于：降妖除魔。

玛瑙的文化

玛瑙文化源远流长，人类很早就发现并利用玛瑙了。在古代皇家一直很喜欢玛瑙饰品与器物。《唐书·德宗纪》记载“倭国献玛瑙，大如王斗器”。可见当时不只是中国，在国外玛瑙器物同样是难得的奢侈品。中国元代朝廷还专门设置了玛瑙玉局，明清两代更是保留了大量玛瑙珍品。

诗词是中华民族文化的瑰宝，而不少诗词又与玛瑙有千丝万缕的联系。如唐代诗人孟浩然的“绮席卷龙须，香杯浮玛瑙”，杜甫的“春酒杯浓琥珀薄，冰浆碗碧玛瑙寒”。由此可见，文人墨客们以师会友，吟诵饮酒，也经常用玲珑美丽的玛瑙器具，增添情趣，以此来豪饮尽欢。

图 | 玛瑙香炉

图丨玛瑙环

喻物是诗歌的一种创作手法，在古诗中也不乏一些诗人用玛瑙来喻物。如：梁朝的皇帝萧纲曾著《西斋行马诗》写道“云开玛瑙叶，水净琉璃波”，这句诗是用玛瑙来形容云；又有宋代诗人赵师侠所作《壬子秋社莆中赋桃花》，“浅淡胭脂经雨洗，剪裁玛瑙如云薄”，此句诗是用玛瑙来喻花；宋代邓肃写的词《浣溪沙》，“玛瑙一泓浮翠玉，瓠犀终日凛天风”，又是用玛瑙来形容池水。可见诗人以玛瑙喻物的例子很多。

人们在长期实践中逐渐对玛瑙的艺术特色有了约定俗成的审美共识。古今中外的雕刻艺师们利用他们的智慧和心血制作出一件件玛瑙艺术珍品，使得千百年来，玛瑙石一直散发着迷人的魅力，在众多宝石中绽放着光彩。

玛瑙的形成

玛瑙的形成距今很遥远，在亿万年前，岩浆由于地壳剧烈运动而流动上升，在上升过程中会遇到地下水，炽热岩浆和地下水构成气液混合物，在岩流中就会逐渐形成大小不一、形状不同的气泡，气泡慢慢形成空洞。后来岩浆继续上升，此时受地球的压力减小，岩流里的气泡变大并且会移动，在到达一定的高度时岩浆不再流动，气泡也会固定下来，气泡的外形也就不再变化，后来随着温度的下降，最外层的二氧化硅逐渐变成了不透明、不透气、非常致密的阴晶石，这就是玛瑙的薄壳，有气体，液体和二氧化硅胶体存在于壳内，后来温度再次下降，二氧化硅胶体形成玉髓，存在于壳的内壁上。这时，壳内的混合物中如果含有淡微粒就会形成玛瑙的黑色条带；含有氧化锰的形成褐色条带；含有钙和镁的形成浅白或浅灰色条带。根据温度不同，这些含有色素离子的矿物，先后开始结晶，层次

图丨天然红玛瑙算盘珠手链

图 玛瑙雕渔翁得利图鼻烟壶

不同、颜色各异的纹饰由此形成，这就是晶腺，而玛瑙就是带有晶腺构造的二氧化硅集合体。如果二氧化硅胶体再次冷却，压力减少，因而结晶速度就会减慢，这样就会形成石英颗粒和水晶晶簇。剩余的液态成分主要是水，这样就会形成空洞内含水的玛瑙，这就是水胆玛瑙，这里面的水我们又叫它原生矿物水，这种成因的水胆玛瑙并不多见，只占全部水胆玛瑙的千分之几。

图 玛瑙原石

我们平时见到的大部分水胆玛瑙的成因是火山爆发时，形成了玛瑙的空洞，地下水从外壳封闭不严或有沙眼的小孔内渗了进去，后来钙质或泥质物又包裹住了外壳，甚至有的胶结得十分坚硬，以致里面的水不会再漏出来，因而形成了水胆玛瑙。这种水胆玛瑙特点是胆内水多，分布较为广泛。

水胆玛瑙的第三种成因是，玛瑙形成之后，由于受地层的压力或地壳变动及地质构造作用的影响，玛瑙球体出现了裂隙，地下水就沿着裂隙渗入到了玛瑙内部，后来裂隙又被泥沙和黏土封闭，经过岁月流逝，泥沙和黏土沉积为岩，里面的水很难漏出，就形成了水胆玛瑙。

玛瑙的产地

印度、巴西、美国、埃及、澳大利亚、墨西哥等国是世界上著名的玛瑙产地。墨西哥、美国和纳米比亚出产有特色的“花边玛瑙”。美国黄石公园、怀俄明州及蒙大拿州还产有“风景玛瑙”。

我国也广泛出产玛瑙，几乎各省都有分布，云南、黑龙江、辽宁、河北、新疆、宁夏、内蒙古等地都是玛瑙的著名产地。

图丨玛瑙香炉

图 | 玛瑙吊坠

印度玛瑙之异域风情

印度玛瑙很有其独特的风格。各块玛瑙色彩斑斓，形状各异，把它们拼凑在一起，乍一看好像没什么章法，仔细欣赏则另有一番风味。颜色的搭配、纹路的接合也很有特色，独一无二，娇艳的红、蓝、绿、灰等各种颜色相互交融，恰到好处，其独特的颜色和风格非常具有地方特色，似乎与印度的异国风情相互呼应。

巴西玛瑙之美丽花纹

巴西足球很有名，那么你是否也知道巴西玛瑙？在矿物学中巴西玛瑙属于玉髓类，是一种胶纤物质，颜色五彩缤纷，质地细腻润泽，洁净光亮，形状多样，它以耀眼夺目的花纹出现在众多的宝石中，享尽了人们也对它的喜爱。

巴西玛瑙在世界上是很有名的，巴西的天然玛瑙产量很大，喜爱玛瑙的人几乎都知道巴西玛瑙。同时巴西玛瑙的璀璨夺目也吸引了许多才华横溢的雕琢艺师们，他们发挥想象、巧妙构思，也正是他们用大量的精力精雕细琢，世间才出现了一件件闪烁着迷人光芒的精美艺术品。其题材丰富多样，有历史故事、有人物、有大自然的景色，文化厚重广博，有着丰富的文化和历史积淀。

图 | 情牵玛瑙手串

图 | 孔雀玛瑙手链

中国玛瑙之都——辽宁阜新

地大物博的中国也盛产玛瑙，玛瑙分布地域广泛，而全国最大的玛瑙加工基地和交易集散地则在辽宁省阜新市。那里玛瑙产量大，储量丰富，是当之无愧的“中国玛瑙之都”。如果你闲逛在阜新的玛瑙一条街上，会发现玛瑙商店比比皆是，到处都能看到晶莹可人的玛瑙工艺品，有手串、手镯、项链、耳环、器物、摆件等，令人目不暇接、爱不释手，其精细的雕工无不令人赞叹称奇。

阜新玛瑙文化源远流长，在距我们今天约 7600 年的查海遗址中就出土了用玛瑙制作的工具，说明世界上最早发现和使用玛瑙的人群是查海人。阜新民间开采、加工玛瑙始于辽代。而且根据出土的辽代文物来看，当时阜新的玛瑙加工工艺已经很高超了。辽墓中出土的玛瑙酒杯、项链等，质地细密，造型独特，制作精致，令人不得不赞叹。到了清代，阜新玛瑙加工业就更加发达了，其还供给宫廷使用。

现在，阜新已是中国唯一走向世界的玛瑙产地。从 2006 年开始，辽宁阜新市已经举办了多届玛瑙博览会，每一年都有许多国内外客商奔赴这场玛瑙的盛宴，欣赏晶莹剔透、美丽优雅的玛瑙雕件。他们既可以听宝石类专家们讲解传授玛瑙文化，领略玛瑙文化的深厚内涵，还可以寻找心爱之物，满足而归。仿佛阜新市的灵魂和精髓就是玛瑙，经过岁月的洗礼，本地的玛瑙文化底蕴丰厚，玛瑙产业独具特色，玛瑙是阜新的地方特色，也是阜新对外的明信片。

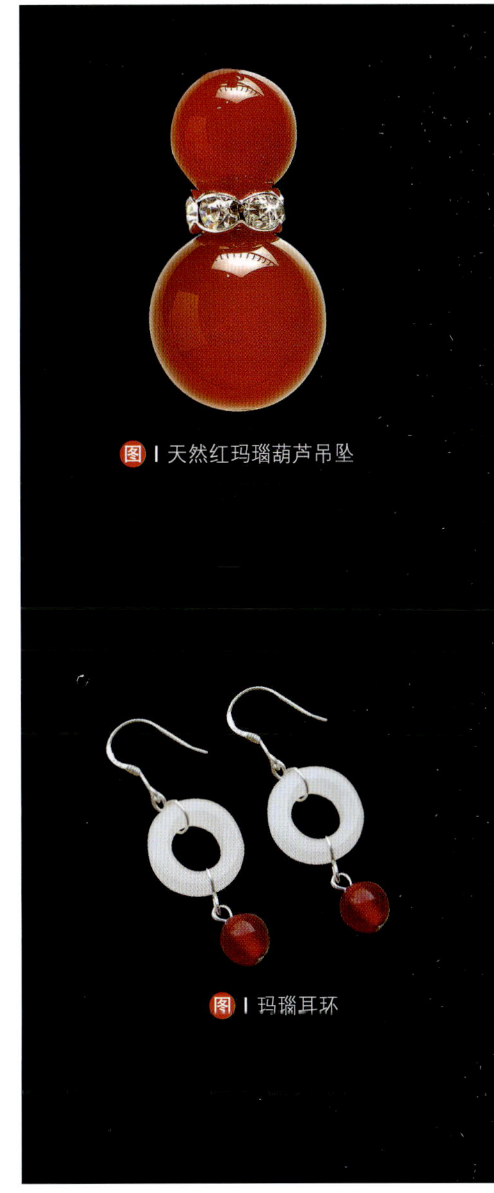

图 | 天然红玛瑙葫芦吊坠

图 | 玛瑙耳环

图 | 天然玛瑙兔生肖吊坠

阜新玛瑙颜色多样瑰丽，纹理清晰，种类繁多，而且还产珍贵的水胆玛瑙。阜新人注重玛瑙资源开发，重点培育玛瑙产业，使得玛瑙产业成为阜新发展的重中之重，这同时也是全省重要的文化产业。2004 年阜新发现过重 66 吨的玛瑙王，不过这是一块普通玛瑙原石。2012 年又出土了 38.7 吨水草玛瑙，这是世界上最大的水草玛瑙了。阜新盛产玛瑙，其玛瑙加工业自然也是名不虚传，2006 年，阜新玛瑙雕被国家列为“首批非物质文化遗产名录”，其他的作品更是蝉联全国宝玉石器界“天工奖”。阜新玛瑙的发展前景很美好，其不断与外界开展交流与合作，沐浴在玛瑙的深厚文化下的同时，也为双方带来了利益，相信在大家的努力下，阜新玛瑙的明天定会更加辉煌。

图 | 玛瑙耳环

图 | 葡萄干玛瑙原石

新疆玛瑙

新疆玛瑙的历史也是相当久远了，石器时代的玛瑙饰品就陈列在新疆博物馆，战国时的玛瑙耳环曾在乌鲁木齐出土过。新疆的玛瑙颜色丰富，质地坚硬、细腻有光泽，种类更是繁多，主要出产的有缠丝玛瑙、闪光玛瑙、红玛瑙、黄玛瑙，截子玛瑙、水胆玛瑙等。大量的玛瑙就产在东西准噶尔盆地边缘、天山北麓、昆仑山中和哈密地区的大戈壁中，有的地方就直接被叫作“玛瑙坡”、“玛瑙山”等。新疆的玛瑙产量是很多，但由于有一部分质量不佳，再加上开发技术不够先进，因此没有被充分利用。

应该有很多人听说过新疆的葡萄干玛瑙，这是一种非常独特的玛瑙。亿万年前，由于地质作用，岩浆剧烈运动，导致海底火山爆发形成玛瑙雨，玛瑙雨下落并迅速冷却形成颗粒。经过了亿万年的岁月，历经地质运动、环境剧变、海水冲刷、风沙磨砺等大自然的洗礼，形成了葡萄干玛瑙石。葡萄干玛瑙石有石质自然外露，色彩丰富绚丽，纹理清晰美观等特点。由于形成条件苛刻，产量较稀少。葡萄干玛瑙是半透明的，其中造型奇特，色泽鲜艳明快的是上品。葡萄干玛瑙主要产在南疆一带，它质地坚硬，莫氏硬度为6.5～7，石上通体布满了五彩缤纷、大小不一、自然生产的许多玛瑙珠粒，它们紧密堆积，就像一大串葡萄，故得此名。

图丨天珠手串

西藏玛瑙

西藏的玛瑙石主要产于西藏喜马拉雅山脉。西藏玛瑙石亦有其自身独特的风格，其质地坚实致密，光洁透亮，有丰富的颜色，纹理清晰，多是天然图案。

西藏山南地区出产天然的水草玛瑙，其色泽鲜艳，水草清晰别致，里面的形似水草的絮状物其实是天然矿物质成分。

图丨西藏玛瑙石手链

此外，西藏还生产一种属于九眼石页岩的天珠原石，其俗称玛瑙石，是沉积岩的一种，为薄页片状岩石，硬度 7 ~ 8.5，含有玉及玛瑙成分，在平均海拔 4000 米以上的喜马拉雅山域有出产。天珠产量稀少，价格非常昂贵。藏民认为天珠是天降石，他们虔诚地认为天珠是天神佩戴过的饰品。藏族人对天珠相当膜拜，认为只有神圣的人才配佩戴天珠。天珠历史悠久、文化厚重，是珍贵的宝石，世代守护着雪域高原儿女。

图 | 红玛瑙手镯

玛瑙的种类

按颜色分类

玛瑙按颜色可划分为红玛瑙、蓝玛瑙、紫玛瑙、绿玛瑙、黑玛瑙、白玛瑙，当然也有其他颜色的。

红玛瑙

我国古代把红色的玛瑙称为赤玉。红玛瑙泛指红色的玛瑙，包括鲜红至深红色的玛瑙及浅红色的玉髓。红玛瑙有东红玛瑙和西红玛瑙之分。东红玛瑙的俗称是烧红玛瑙，是指本身含铁的玛瑙，经热处理变为红色的玛瑙。东红玛瑙的名字是因为这种玛瑙最初来自日本，故得此名。西红玛瑙才是天然红色玛瑙。红玛瑙是各色玛瑙中的珍贵品种，《格古要论》中记载着“玛瑙无红一世穷”的说法，可见红色对玛瑙来说是多么重要。

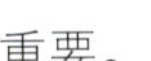

图 | 天然红玛瑙手串

红玛瑙是常见的硅氧矿物，在矿物学上属于玉髓的变种，它的很多性质都与石英相同，基本上就是石英。雨花石我们基本上都应该听说过，它其实就是红玛瑙。红色瑰丽、娇艳，历来为人们所喜爱，人们将红玛瑙加工成首饰等工艺品的历史已经很久了。它一般为半透明到不透明。如果有水存在于红玛瑙里面，这就是水胆玛瑙。水胆玛瑙摇动时汩汩有声，非常奇妙，是极其珍贵的玛瑙品种。

红玛瑙对人体还有诸多益处。佩戴它可平衡正负能量，舒缓压力，促使佩戴者放松身心，保持身体及心灵和谐。红玛瑙还能激发勇气，使人信心倍增，有魄力，体弱多病或大病初愈的人也适合佩戴它。

图丨貔貅红玛瑙挂饰

蓝玛瑙

图丨天然蓝玛瑙手串

蓝色或蓝白相间的玛瑙叫蓝玛瑙。深邃的蓝色为玛瑙增添了无限魅力，经火烧灼蓝玛瑙也不褪色，质量上乘的蓝玛瑙是制作首饰的珍贵材料，块度大的常用于雕刻制成摆件。蓝玛瑙以颜色深蓝的为上品，颜色浅淡的稍差一些。蓝白相间者也很别致，如果其带有细纹带构造，则属于缠丝玛瑙的品种。

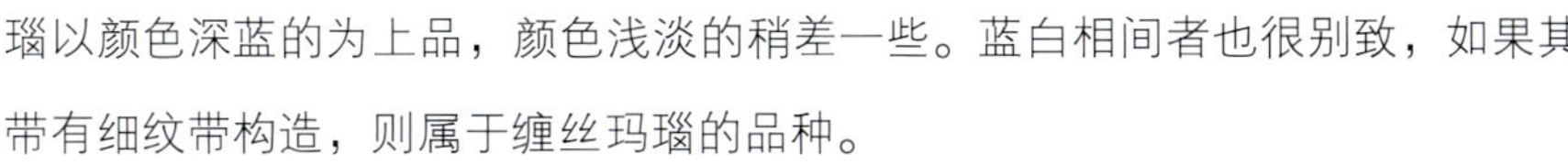

蓝玛瑙又名青玉髓，属隐晶质石英宝石，与蓝玉髓成分相近，只不过蓝玛瑙具有清晰的天然纹路。

现如今，我们在市场上看到的蓝玛瑙制成品，大多是人工染色而成的，染色蓝玛瑙与天然蓝玛瑙相比，颜色虽显得更加艳丽、均匀，但让人感觉不自然。

紫玛瑙

紫色玛瑙非常讨人喜欢。以颜色艳丽、洁净光亮，如同紫晶者为上品，颜色较淡，或者光泽度不好的次之，葡萄紫色的玛瑙是最受欢迎的。天然的紫玛瑙产出量很少，因此有很多染色而成的紫玛瑙充斥于市面上。紫色象征浪漫，产量稀少的粉紫玉髓，让人看了心里有说不出的舒适感。不过近些年来，半透明状的紫玛瑙才活跃在市面上。紫玛瑙和紫水晶因为同样散发出紫色光辉，因此它的功能与紫水晶有些相像。

自古以来，我国就很推崇玛瑙玉石类饰品。紫玛瑙散热性非常不错，因此紫玛瑙首饰非常适合夏天佩戴，既显得优雅亮丽，又能清凉解暑。此外，长期佩戴紫玛瑙饰品，人体还会吸收玛瑙中的铁、锌、镍、铬、钴、锰等多种微量元素，对身体有益处。

图丨紫玛瑙项链

绿玛瑙

绿玛瑙是一种淡绿或翠绿色的玛瑙。天然出产的绿玛瑙其颜色不够鲜艳，一般是暗绿色、褐绿色的。颜色鲜艳的绿玛瑙基本是人工染色的产品，或者是把绿玉髓当成了玛瑙。绿玛瑙在自然界的产出很少，优化后的绿玛瑙颜色浓绿，有的和翡翠相近，所有经常有商家用它来冒充翡翠，但有经验者还是比较好区分二者的。绿玛瑙性脆，颜色看起来“单薄”，质地无翠性；翡翠的韧性大，颜色看起来“浑厚”，质地有翠性。绿玛瑙，呈绿色半透明状，之所以呈现绿色是因为含 Ni^{2+} 或含包裹体阳起石、绿泥石微粒导致的。天然绿玛瑙色泽诱人，且产量稀有，因此成为最具价值的玛瑙之一。大自然通过它的神奇之手将拥有美丽色带、诱人色泽的绿玛瑙呈现给我们，把绿玛瑙进行加工，做成半球形珠宝后，异常精美。

绿玛瑙还有很多功效，它既能够缓解人的紧张情绪，也能够促进血液循环，还可缓解眼睛疲劳。

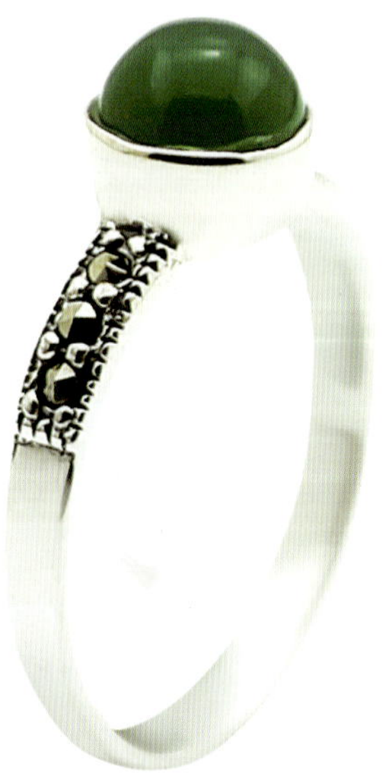

图 | 银镶绿玛瑙戒指

图 | 银镶绿玛瑙戒指

黑玛瑙

图 | 黑玛瑙念珠

自然界产出的天然黑玛瑙很少，我国珠宝市场上的很多黑玛瑙都是经过加温工艺变成黑色的，不会褪色，由于这种做法并没有添加其他非天然成分，故仍属天然。黑玛瑙是坚毅、果敢、信心和希望的象征，黑玛瑙可给人无限安全感，增加人的勇气，从古至今，一直被当做护身符使用，它能辟邪挡煞，保佑佩戴者平安。黑玛瑙还是长寿之石，可给人带来好运气，让佩戴者心情愉悦、富贵吉祥。长期佩戴黑玛瑙还能令人皮肤光滑红润、气色好，有助于达成佩戴者心愿。

黑玛瑙一般呈透明到不透明，莫氏硬度为 7，折射率约 1.54，比重 2.60，具有玻璃光泽，贝壳状断口。黑玛瑙最大的艺术特色是具有同心环带状、层纹状，波纹状、缠丝状、草枝状等形态各异的美丽花纹。这些花纹还具有不同的颜色，有灰、白、黄褐、黑等。黑玛瑙价格一般不贵，但它很有个性，符合现代人审美，很适合年轻人佩戴。

图 | 18K 金镶黑玛瑙戒指

目前市面上流通的黑玛瑙很多是着色而成，其色浓黑，有时与其他黑色玉石不好区分。此时可以通过硬度鉴定，黑玛瑙的硬度大于黑曜岩等。

白玛瑙

白玛瑙分两种，一种是透明无色的，如水晶般晶莹，内部的层次变化都可以看到；另一种是白色不透明的，仔细观察也可以发现少量的硅质层次变化。不透明的白色玛瑙和石英有些相似，但是仔细观察，就不难发现石英颗粒粗大，质地疏松。我们还发现了一种像玉石那样光滑细腻又纯度很高的白玛瑙——蛋白石。白玛瑙经常被用来制作珠子，然后进行人工对其进行染色，可以将其着色成蓝、绿、黑等色，因此白玛瑙是很好的染色玛瑙的原料。颜色纯正的白玛瑙在众多品类的玛瑙中，还是相当有魅力的。

然而，自然界也会产出一些颜色不正、质量不佳的白玛瑙，尤其是那些灰白色的，人们一般不喜欢，因此经常把这些质量差的用以制作价格低廉的低档旅游纪念品。

图 | 白玛瑙 108 颗佛珠手链

棕玛瑙

又名鸽血玛瑙，其颜色一般是黄红到棕红色的。经常用于别墅或星级酒店的地面、墙面、台面等的装潢。

图 | 战国 鸽血玛瑙环

蓝玉髓

又名紫蓝晶，还叫“台湾蓝宝”，这个名字的由来是因为它是在中国台湾东部海岸山脉都兰山发现的。蓝玉髓属隐晶质石英宝石，它的主要成分是二氧化硅，是由于成分中含铜所以才呈蓝色，另外台湾所产的蓝玉髓还含有矽孔雀石。有的还具有放射性反应，这是因为成分中含有了微量的铀。蓝玉髓是目前台湾所产的价位最高的宝石之一。蓝玉髓呈半透明到透明。蓝玉髓中售价最高的是中等蓝色而边缘带黄绿色又整体较通透者，这种蓝玉髓不会褪色。而在对蓝玉髓进行加工时，如果遇热（温度超过40℃），则大部分的蓝玉髓的颜色会由鲜艳的蓝绿色褪变为淡白蓝色，若对其加热至200℃，蓝玉髓会变成墨蓝绿色，吸附水的释放及铜氧化作用使得颜色变化明显。甚至有些蓝玉髓在空气中也会脱水褪色。台湾蓝玉髓颜色美丽而又产量稀少，故市场上有将石英岩或白玉髓染色制成的仿品。蓝色的玉髓可提高语言表达能力，促进与他人的沟通，还能消除负面能量，辟邪化煞。

图 | 蓝玉髓转运珠手链

图 | 胆青玛瑙竹节执壶

胆青玛瑙

胆青玛瑙是一种青黑色的玛瑙，其颜色青如胆汁，故得此名。经常被做成玛瑙球等摆件类装饰品。它遇火会褪色，变成白色。

紫水晶与紫玛瑙的区别

（1）紫水晶是一种晶体，因此紫水晶在观察的时候，看起来更加通透，而紫玛瑙就像其表面涂了一层油脂一样，看起来比较醇厚，紫玛瑙是半透明的。

（2）紫水晶是水晶中的珍贵品种，以拥有世界上最艳丽最纯正的紫色而得名，而紫玛瑙的紫色中还带有一种灰色调，并不是非常纯正的紫。

（3）紫水晶还有个比较独特的地方，就是在晶体中能够看到块状的色带，而紫玛瑙中则是有独特的带状条纹结构，关于二者的这一区别，并不是很明显，必须仔细观察。

天然的紫玛瑙产量稀少，市场上售卖的很多都是人工染色的，在购买时要小心鉴别

按光学特征分类

1. 火玛瑙

火玛瑙具有层状的结构，层与层之间有薄层包裹物质，如氧化铁的薄片状矿物晶体，当光照射时，产生薄膜干涉现象，也就是火红色的晕彩，这也是其名字的由来。还有些火玛瑙是含有丰富的氧化铁内包物，将其在切磨后会呈现出变彩，呈现出温暖、活泼、火热的色调，据说火玛瑙有预防感冒和冻伤的效果。但是火玛瑙并不像其他玛瑙，它通常是附在岩石的表层，因此很难找到一块大一点的火玛瑙，物以稀为贵，其价格自然很高了。玛瑙是玉髓类矿物的一种，经常是混有蛋白石和隐晶质石英的纹带状块体，硬度 7~7.5，比重 2.65，色彩相当有层次，有半透明或不透明的，常用做饰物或玩赏用。加工时需注意正确的切磨方向。火玛瑙的颜色一般为橘黄、黄、紫、绿，红和蓝色少见。火玛瑙的外形呈旋涡状，有炫彩。美国、捷克、印度、冰岛、摩洛哥、巴西等国是其主要产地。性格比较孤傲、清冷、不合群的人很适合佩戴火玛瑙，因为火玛瑙可以激发热情，让人很好地与他人相处。

图 | 火玛瑙原石——灵龟

图 | 火玛瑙原石

图 天然多色玛瑙项链

闪光玛瑙是指当转动玛瑙时，会出现一条黑色的，宽窄会变动的而且还会移动的光带在玛瑙的抛光面或蛋圆形面上。有时一个抛光面上可能会显现多条闪光光带，完整的玛瑙看不到这种现象，光带只出现在玛瑙条带的转折处。在显微镜下条带的转折处是一条微细的裂隙。光带的清晰程度受玛瑙条带的宽窄影响，玛瑙相交叠的层有时非常薄，甚至只有几分之一毫米薄。在垂直条带层理的方向琢磨，条带愈窄闪光带清晰程度愈高，若条带的宽度超过了 0.7 毫米，闪光光带开始模糊不清；若条带的宽度大于 1 毫米，闪光光带消失。光带清晰程度和玛瑙条带颜色也有关，当玛瑙条带为单一颜色时，光带清晰；当玛瑙条带是多种颜色时，则闪光模糊。之所以出现闪光现象是由于光线的照射，使玛瑙条纹产生相互干扰，出现明暗变化。抛光后闪光更明显。当入射光线的照射角度发生变化时，闪光光带亦随之变化，奇妙极了，同猫眼效应产生的原理相同，都是波纹效应。

闪光现象在新疆产的玛瑙及南京雨花台所产的雨花石中都出现过，总的来说，闪光玛瑙很稀少，价格相当昂贵。

4. 淡水玛瑙

淡水玛瑙即可以产生荧光的玛瑙，其主要产地是美国怀俄明州。

5. 星光玛瑙

分为两种，一种指具有星光效应的玛瑙；另一种是指玛瑙内的包裹体是星状的。

按照纹理构造分类

1. 缠丝玛瑙

缠丝玛瑙是指具有如同丝带缠绕在一起的纹理的一种玛瑙。有的其纹带如蚕丝一样细，而且颜色多种多样，极具魅力。有的红白相间，有的黑白相间，有的蓝白相间，有的宽如带，有的细如丝，奇妙美丽之极，古代又叫截子玛瑙。质量上乘的缠丝玛瑙是既细如蚕丝又富于变化者。缠丝玛瑙经常被雕刻成工艺品，它富于变化的纹理，为雕件增色不少。缠丝玛瑙可进一步划分为：缟玛瑙、红缟玛瑙、红白缟玛瑙、黑白缟玛瑙、褐白缟玛瑙、棕黑缟玛瑙。

图 | 缠丝玛瑙管

缠丝玛瑙是围棋棋子的常用原料。天然缠丝玛瑙围棋棋子，纹理自然美丽，具有一定的收藏价值。缠丝玛瑙制作的种类繁多的首饰，如手镯、项链、耳环等也深受人们喜爱。这些饰品质地光滑细腻，精致美观，美丽的纹带丝丝缠绕，别有一番风味。

2. 锦犀玛瑙

锦犀玛瑙是一种含有多种颜色的玛瑙，抛光后如彩虹般尽显五彩斑斓的色调，也是一种名贵的品种。

3. 合子玛瑙

合子玛瑙是指通体漆黑的玛瑙上环绕着一丝白色条纹。根据它的特点人们还给其起了一个别称，叫腰横玉带。北京玉器厂曾将合子玛瑙雕成了一群腰间都环绕了一圈白丝带的黑山羊，设计巧妙，别致极了。

4. 锦花玛瑙

锦花玛瑙又名红花玛瑙，是一种红白色条纹相间的玛瑙，层次分明，在古代经常被贵族把玩。白色的部分是蛋白石或石髓。

5. 城寨玛瑙

城寨玛瑙又名堡垒玛瑙、城堡玛瑙。之所以叫这个名字是因为在缟玛瑙中有部分玛瑙具有棱角状如同城郭的纹理。

6. 蘑菇玛瑙

蘑菇玛瑙是指条纹的结构形态很像蘑菇的一类玛瑙。蘑菇玛瑙奇石曾在中国广西被发现过，它们大小不一，是黑色的，形状很像蘑菇，具有观赏性，让人不禁感叹大自然的神奇。这些玛瑙是使用人工开采的方式挖掘的，比较缓慢，产量较小。

图 | 蘑菇玛瑙

按质地或其他特性分类

1. 水胆玛瑙

水胆玛瑙是指玛瑙或玉髓内部含有液体、气体包裹体。因包裹体形似动物胆囊而得名。摇晃时里面的水汩汩有声，奇妙无穷。水胆玛瑙，乃自然界形成包裹有天然形成的水的玛瑙，“胆”越大、“水”越多越珍贵，水胆玛瑙在玛瑙中占有极其重要的地位。整体通透又无裂纹和瑕疵的上品水胆玛瑙，是雕刻工艺品的上好材料。水胆玛瑙很坚硬，还要恰到好处地把“水”呈现出来，这对雕刻师的技能要求很高，因此水胆玛瑙工艺品都是价值不菲的。

图 | 水胆玛瑙原石

雕刻师运用他们的奇思妙想，再凭借高超的手艺，使得许多珍贵的艺术品得以问世。有雕刻艺术家曾雕刻了这样一件别出心裁的精美的艺术品，雕刻师用水胆玛瑙雕刻出了鱼或虾，巧妙地利用空洞中的气、液包裹体的水珠，使其正好在鱼或虾的嘴边，那些水珠就如同鱼虾吐出的气泡，真是别具一格；还有的雕刻出寿星抱桃，桃中有水；有的雕刻李白醉酒，酒缸中有水（即酒）；有的雕刻司马光砸缸，缸中有水。因为水的存在，使得一件件艺术品惟妙惟肖、充满生机，令人拍手叫绝。雕刻师在雕琢时，既不能把水胆玛瑙切得太厚，看不清水，也不能切得过薄，使胆破裂，要掌握好度，水胆玛瑙本身就稀有珍贵，雕刻加工又是如此不易，因此一件美观有趣的艺术品是相当难得的。

图丨水胆玛瑙寿星摆件

水胆玛瑙中有一种特殊的种类，叫血胆玛瑙，它的形成是由于水胆溶液中含有了铁离子，因此里面的水就变成了血红色。自古以来血胆玛瑙就被人们视为圣物，其在自然界出产率极低，相当罕见，是可遇不可求的稀世珍宝。

而关于血胆玛瑙的成因人们有不同的看法，一部分人认为空洞的玛瑙出现了裂痕，铁离子及水趁机渗入，后经岁月流逝，玛瑙又自己封合上了；另一部分人认为硅质矿物原生时就含有铁水离子，形成玛瑙后，二氧化硅胶体再次冷却，压力降低，结晶速度减慢，微石英颗粒和水晶晶簇便在其内腔形成了，剩余的主要液态成分是水，而当其既含水又含铁离子时就形成了血胆玛瑙。

图 | 纯天然水草玛瑙项链

图 | 水草玛瑙手镯

2. 水草玛瑙

内部含有绿色或其他颜色的如同水草的样子的物质的玛瑙就是水草玛瑙。如果含有苔藓状包裹物就称之为苔藓玛瑙，含有羽毛状包裹物就称之为羽毛玛瑙。目前市场上比较常见的苔藓玛瑙是产于美洲巴西等地的，其内部的苔藓状物一般是深绿色丝絮状。

水草玛瑙又名天丝玛瑙，硬度 7.0 ~ 7.5，折射率 1.54 ~ 1.55，比重 2.60 ~ 2.65，一般是半透明到不透明，其内部天然形成的包裹物，主要是绿色、紫色和黄色等，就好像浮动在河塘中的水草，婀娜蜿蜒，正在舞动着曼妙身姿，美丽奇妙极了。水草玛瑙的特殊形态决定了它不仅可以加工成饰品，而且有漂亮的内部景观的水草玛瑙还是非常具有收藏价值的。

佩戴水草玛瑙对人体有颇多益处，它能促进新陈代谢，促使人皮肤光滑细腻；还能治疗便秘，帮助人体排除毒素。冷漠的人也适合佩戴水草玛瑙，它能使人更热情，促进与他人和谐相处。

水草玛瑙的传说

关于水草玛瑙有这样一段传说。古代有一位叫玉梅美丽的少女生活在辽宁阜新蒙古族自治县的一个叫宝柱营子的地区，她心地纯良而又聪明勤劳。长大后嫁给了青年田龙为其，夫妻二人琴瑟相和，互相敬重。可是玉梅却始终无法讨得婆婆欢心，顽固的婆婆对玉梅吹毛求疵、百般挑剔，并逼迫田龙休妻。田龙在母亲不断地威逼下，无奈地劝说玉梅先回娘家避一避，等母亲平静一些了，必定会想尽一切办法把她接回来。分手时二人纷纷发誓，此生不渝。

奈何玉梅才回到娘家，贪图富贵的哥哥就逼她改嫁县令的儿子，即日成亲。田龙知道后又气又急，赶紧赶来了玉梅家，但是，他来迟了一步，玉梅宁死不从，已经在上轿前纵身跳进了深不见底的江河里。田龙悲痛欲绝，也纵身跃下江河。两个人有情有义却双双惨死，他们的尸体沉到江河深处。河里的水草环绕着他们，被他们情比金坚的爱情所打动，水草团团包裹着他们的身体，使他们永不分离，岁月流逝，他们吸收天地之精华，和水草融为了一体，变成了坚硬无比的水草玛瑙石，玛瑙内水草缠绕，美丽异常。后来这条河干枯了，这种玛瑙石被人们发现了，为了纪念他们至死不渝的爱情，人们给它起名天丝玛瑙，意思是如天上的丝带般紧紧缠绕一生，永不分离。

图 | 水草玛瑙挂坠

图 | 清 水草玛瑙葫芦小洗

图 | 玛瑙葫芦挂饰

3. 血点玛瑙

在玛瑙上散布红色或棕色斑点、如同血滴的形状或条纹的碧玉，叫血点玛瑙，我们它又叫红斑绿玉髓，也称鸡血石。它是不透明的，因为含有辰砂而导致具有血色的昌化石我们也称鸡血石。氧化铁也可以导致宝石上有红色血滴，与血玉髓的区别在于血玉髓是绿色的底色。

4. 砂心玛瑙

砂心玛瑙是晶腺状的玛瑙，砂心指的是玛瑙中心部位生长着的石英晶簇。同心环带状的玛瑙其花纹的最里层有时会长着石英晶体，玛瑙“砂心”就是这么来的。玛瑙砂心有实心的，也有空心无水和空心带水的。如果雕刻物件时选用砂心玛瑙为原料，砂心就要去除。如今，砂心玛瑙也常作为观赏石，砂心若是是紫水晶，尤其若是紫水晶的颜色较深，那就非常具有观赏价值了。

如果砂心中的石英晶体很好地结晶，各个晶体之间很牢固地结合在一起，色泽艳丽，透明度高的话，这种玛瑙就很适合当作玉雕材料。如果“砂心”的空心中间包藏有水，便是珍贵的“水胆玛瑙”了。

图丨管状玛瑙摆件

图丨老南红玛瑙雕观音项链

5. 云玛瑙

这种玛瑙质地有云雾的感觉。

6. 管状玛瑙

管状玛瑙有三种情形：一种是指因外力作用或因重结晶作用玛瑙出现裂纹，这些裂纹由脉或管状物充填穿过玛瑙纹层；第二种是指有像管子的不透明包裹体存在于半透明的玛瑙中；第三种是指管状物将玛瑙条纹分隔开。

7. 风景玛瑙

风景玛瑙是指玛瑙中的各种花纹、包裹体等组合成人物、花草、云海、日出等风格迥异的风景图画，令人称奇，有意境的风景玛瑙十分珍贵。风景玛瑙装扮出了一个奇异的世界，由于玛瑙包裹体和颜色变化万千，丰富多彩，构成的景象也是各具特色，有山川河流、奇花异卉，仿佛在诉说其中的故事。这是大自然的神奇造物，可遇而不可求。

中国特有的玛瑙

南红玛瑙

近些年，在收藏界有一种玛瑙名声渐起，它就是南红玛瑙。它的价格也越来越高。那么什么是南红玛瑙呢？南红玛瑙的“南红”称谓并不久远，是上世界七八十年代才开始这样叫的，云南保山出产的红玛瑙质量很好，其质地类似于和田玉，很受人们青睐，于是人们就不约而同地把云南保山出产的红玛瑙叫作南红玛瑙。

南红玛瑙只产在中国，它质地润泽、比较罕有，在清朝乾隆年间就不多了，所以老南红玛瑙价格更是不断增长。在古代，南红玛瑙是作为一味药，有养心养血之功效，信佛的人认为它有特殊功效。南红玛瑙就是佛教七宝中的赤珠（真珠）。

图丨南红玛瑙手串

鉴定南红玛瑙时要注意把南红玛瑙紧挨强光，在强光下可以观察到它的红色是由数不清的朱砂点聚集在一起形成的，其他玛瑙都没有这样的特点，但是如果是非常红的南红玛瑙，光透不过去，因此本方法也就鉴定不了了。

图 | 清 南红玛瑙如意花卉洗

图 | 清 南红玛瑙盘螭印

南红玛瑙被开采利用的历史比较久远了，古书中的“赤玉”就是南红玛瑙。云南等地方出产的南红玛瑙是大红色的，甘肃、四川等地出产的是像柿子一样的红色、橘红，还有深红（酒红、枣红）、樱桃红以及紫红等，这都是南红玛瑙的常见颜色。另外，有整体接近透明只局部有些红色的，以及这些颜色的透明或半透明的变化色，也大致上属于南红玛瑙的颜色范围。

南红玛瑙的历史

我国从很早就开始使用南红玛瑙了，南红玛瑙的饰品在出土的战国时期的贵族墓穴中就被考古学家发现了，在云南博物馆里珍藏着出土的古滇国时期的南红玛瑙饰物，馆藏在北京故宫博物院的清代南红玛瑙凤首杯更是非常精美，这些南红玛瑙制品件件都对研究宫廷碾玉有着极大的意义，极具历史作用，同时其外观精美，技艺精湛，又具有很高的艺术价值，它们都是国家一级文物。从这些馆藏作品中可以发现，在我国古代，人们对南红玛瑙就很珍爱，它是很稀少的高档材料。

图丨南红玛瑙挂件

明代地理学家徐霞客曾经游历到云南，那里有个地方叫玛瑙山。他看到有一种玛瑙生在悬崖峭壁之中，就在《徐霞客游记》中记载了“其色月白有红，皆不甚大，仅如拳，此其蔓也。随之深入，间得结瓜之处，大如升，圆如球，……此玛瑙之上品，不可猝遇”这段关于云南玛瑙的描写。

后研究发现，今天的云南保山地区正是徐霞客记载的玛瑙山。保山地区是南红玛瑙历史最久远，最被人们熟知的产地，但因环境等因素，这里的玛瑙裂痕多，难成大器。后来人们发现了四川凉山的南红玛瑙，四川南红玛瑙弥补了南红玛瑙矿的空缺，且这里也出产了一些质量高的南红玛瑙原料。近代的一些高档南红玛瑙物件大多都是利用四川南红玛瑙制作的。

清代是南红玛瑙应用的巅峰时期。清代留存下来许多质量不错的南红玛瑙重器。乾隆年间对于雕刻工艺、玉石材料的选择有很高的要求，而保山南红玛瑙有大量绺裂，无法满足当时高档的雕刻艺术品对原料的需求，遗留下来的收藏级作品也就从这时起逐渐淡出了人们的视线，导致许多人认为，在乾隆年间，保山南红玛瑙开采殆尽了。事实上，保山地区并没有绝矿，只不过是出产的矿料，有很多裂纹、瑕疵，不适合作为工艺品加工的原料，直到现代技术使用真空注胶才弥补了南红玛瑙的不足。

另外，关于南红玛瑙在我国西藏地区的发展，想必广大南红玛瑙爱好者都很熟悉，南红玛瑙结束了深海中的红珊瑚的历史使命，在藏区发挥了重大作用。在这之前，藏族人使用的是天然红珊瑚中的倒枝珊瑚，这种珊瑚是日本海峡和台湾海峡的特产，由于贸易的不方便，再加上深海红珊瑚是比较稀有的材料，因此只有藏族的上流社会才能享用红珊瑚，是名副其实的奢侈品，但是广大普通的藏民也需要红色的念珠、配饰等，于是南红玛瑙在这里开始批量生产成为可能，从此活跃在了藏族的历史舞台上，广大佛教信徒都少不了南红玛瑙饰物。南红玛瑙最早在清晚期结束了其在西藏的历史使命，那时大多数人认为南红玛瑙在清晚期绝矿，这里也就基本结束了南红玛瑙珠子的制作。

图 | 南红玛瑙雕件

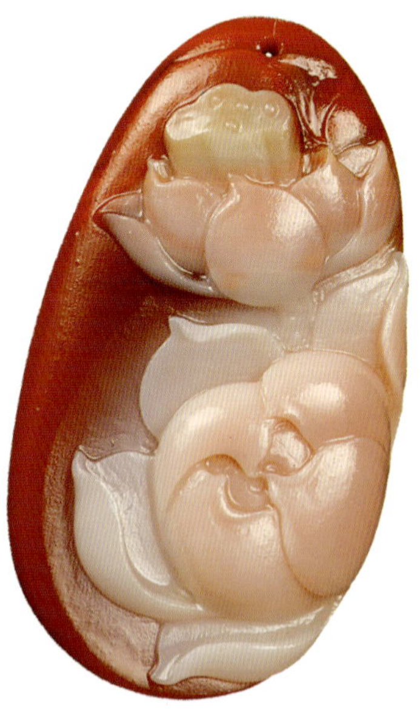

图 | 南红玛瑙荷花挂件

图 | 清 南红玛瑙寿星雕件

南红玛瑙的产地

那么我国都有哪些地区产南红玛瑙呢？

1. 云南保山南红

从南红玛瑙名字的由来，我们可以了解到云南是南红玛瑙最具有代表性的产地，而云南最典型的南红玛瑙产地就是保山市的玛瑙山，明代徐霞客的《徐霞客游记》里所描写的正是保山南红的最为主要的特点概括。

直到今天，新南红玛瑙制品九成以上的原料仍是来自于云南保山这个地区，而前面提到的在乾隆年间宝山矿已经被开采殆尽了的说法并不可信，甘南藏族自治州的藏民老人曾给我们讲述在1949年之前还购置过新南红玛瑙，也看到过一些关于民国时期还曾卖给外国人大量南红玛瑙珠串的照片，这些饰品质量十分上乘，而且收藏于北京故宫博物院的南红玛瑙手串也明显具有清晚期手串的遗风。现如今保山仍然可以每年提供一些遗存的原矿，作为现代装饰品的矿料。另外还有观点认为之前的老矿坑确实已经废弃了，如今的保山南红玛瑙都产自新矿坑。如今在市场上经常卖的所谓的“柿子红”南红玛瑙就是保山产的。

图 | 南红玛瑙弥勒佛挂件

2. 甘肃迭部南红

甘肃也产南红，简称甘南红。甘南红颜色艳丽纯正，很有光泽，颜色不是很多，一般都是橘红色到大红色之间的，偏深红的也有少量出产。偶尔会产出有雾状结构的。甘南红无论哪一部分，都给人以浑厚的感觉，和水彩颜料有些相似。通常说来南红中质量最佳的是甘南红。根据资料分析，甘肃迭部的南红玛瑙的产量非常大，人们采用地表捡拾的方式采矿，如此不难看出，当时这里的产量还是很惊人的。我们查看过一些根据回忆记载的资料，显示上世纪 80 年代北京某家首饰公司曾经在迭部开过矿，因此可以说迭部也是南红的一个重要产地。甘肃的迭部地区的老南红玛瑙很稠密，并且呈地域性辐射。

3. 凉山州美姑南红玛瑙

凉山州玛瑙是近些年才发现的，是新南红玛瑙矿。因而美姑南红成了宝石赏玩家、宝石商人们的宠儿，是保值收藏的奇货。远有上海、北京、深圳等地，近有成都、西昌及周边县市的收藏大户，他们长途跋涉纷纷聚集在美姑，争先恐后地前来购买，竞争激烈。

图 | 南红玛瑙手镯

图 | 南红玛瑙手链

南红玛瑙的功效

南红玛瑙具有较好的疗效，对肠胃疾病有不错的调理作用，还可促进正负能量平衡，促使人放松身心，维持身体及心灵和谐，使人更加友爱和忠诚，同时还能激发勇气，使人信心百倍，迎来财运，驱邪避祸、养心养血。

南红玛瑙被佛教认为有着特殊的功效，所以一直是广大佛教徒心中的宝贝。佛教信徒相信，南红玛瑙可以让人们与神灵沟通，拥有它能够辟邪挡煞、平安吉祥。南红玛瑙象征活力、财富、尊贵，让人灵感增多，还能给人们以力量。据说南红玛瑙可改善气血，使人气色红润，可预防肠胃疾病，缓解便秘，排出人体内毒素。

七彩玛瑙歌

世间咏奇石，皆云补天遗。
松阳见彩琼，始信事非疑。
性坚能克玉，质润滑如脂。
七彩色斑斓，百变纹瑰奇。
流丝织彩霞，丹青染虹霓。
花艳称国色，草秀有天姿。
红叶秋山袂，青苔老树衣。
崖畔鹿欢跳，松间鹤舞低。
幽穴僧面壁，春田叟扶犁。
蓬莱暮霭重，瑶台晓雾湿。

图丨玛瑙手串

玛瑙饰品欣赏

玛瑙饰品分类

玛瑙首饰

爱美之心，人皆有之。中国从春秋战国时期人们就开始使用玛瑙做首饰了。玛瑙色彩鲜艳瑰丽，光辉灿烂，所以自古以来就深受人们喜爱。过去玛瑙是皇家贵族的专属品，随着人们生活水平的提高，如今普通百姓也有能力购买自己心仪的玛瑙首饰。如今玛瑙首饰的种类日益繁多，玛瑙首饰大放异彩，为不同年龄、不同背景的各类消费者推崇。

图丨天然玛瑙戒指

图丨天然黑玛瑙戒指

玛瑙戒指

戒指在现代为大多数人钟爱，男女皆可佩戴。从古至今，戒指总被作为男女定情的信物。那么戒指是怎么来的呢？其实，戒指是在中国古代的后宫中诞生的，女人在手上戴戒指来记事，戒指代表了“禁戒”、“戒止”。古代的皇帝有数不清的后宫佳丽，如果皇帝喜欢上了后宫的哪个女人，宦官就负责记录后妃侍奉君王的日期，并在她右手上戴一枚银戒指以作标记。如果后妃怀孕，宦官就会给她在左手戴一枚金戒指，以作标记。久而久之戒指就发展成了婚姻的信物。14 世纪后，欧洲女性普遍戴起了戒指。戒指具体怎么戴，也慢慢发展出了一套约定俗成的戴法。

图 | 925银镶嵌玛瑙戒指

戒指一般戴在左手上，戴在每个手指上，都有不同寓意，国际上比较普遍认同的习惯是：

大拇指上很少戴戒指，双手其他的各个手指都可以佩戴。

食指上戴戒指，代表本人想结婚而尚未结婚。

中指上戴戒指，代表本人正处于热恋之中。

无名指上戴戒指，代表本人已经订婚或已经结婚。

小指上戴戒指，代表本人只想独自生活，也就是表示本人是个"不婚族"。

现如今，玛瑙戒指开始出现在许多女性的手指上，玛瑙戒指优雅、高贵，特别受女性青睐，但是你知道怎样的玛瑙戒指才能将自身衬托得更美丽大方吗？像皮肤较黑、手指长且较粗的女性则不太适合戴玛瑙戒或小花型的绿玉戒。老年女性不宜戴过于小巧的戒指，如果戴翡翠戒或玛瑙戒，就会显得高贵慈祥。其实佩戴玛瑙戒指和佩戴其他戒指都是大同小异的。

下面介绍一下戒指的佩戴技巧：

我们每个人手型千差万别，而根据手的长短，手指粗细，皮肤黑白等特点，有技巧地佩戴戒指，才能使戒指更好地修饰双手，达到预期目的。

（1）瘦小型手：有的人手很瘦小，手掌小巧，手指纤细，此类型的小手宜选戴做工精细、小巧的戒指，可选镶有单粒梨型戒面的线戒，或者是细小马眼形戒面的戒指，这类戒指会使短小的手指显得秀气、修长。此种手型不适合戴大戒指，像是大方戒、镶着很多宝石的复杂的戒指，及纵向很长的戒指。这些大戒指都会使本来就短小的手指显得更短，另外很大的戒指戴在很小的手上，显得戒指笨重，也使得手看起来特别单薄，不符合我们的审美。

图丨925银镶嵌绿玛瑙戒指

图丨天然红黑玛瑙情侣戒

图 | 玛瑙蝴蝶结食指戒

（2）细长型手：这类手的特点是手掌不宽不窄，手指修长，如果皮肤也白皙滑嫩，这就是一双最符合我们审美的手，无论什么材质、什么样式的戒指戴在这种手指上都漂亮夺目。若戴纤巧的戒指，则显得轻盈、精致，俏丽玲珑；若戴大气一些、繁琐一些的戒指，又能显得潇洒、干练，透着时尚。但是手指特别纤细的女性不是很适合戴玛瑙戒指，她们可以尝试戴钻戒或者玉质的戒指，一些较大的珠宝戒指也可以选戴。

（3）短粗型手：这类手的特点是手掌偏短，手指不长且粗，整体看起来又短又厚，此种手型应该选购线条流畅、款式简单的戒指，可在中指、无名指上戴一椭圆形小刻面的镶宝石戒指，或是选一款V型、S型扭曲的线戒，这样的戒指可以让手看起来长一些。这种类型的手最好不要尝试方戒、圆戒及繁琐的群镶戒，这些戒指会放大手指的缺陷。

（4）粗大型手：这种手的特点是手掌大，手指粗。这种手型可以选配中等大小的戒指，像中等的镶宝石的戒指，马鞍形的玉石戒等。特别纤细、精巧的戒指不适合戴，因为粗大的手与过细的戒指对比反差太大，就会感觉手更粗；过大的戒指也不适合佩戴，这种戒指戴起来，会给人一种很笨重的感觉。

图 精钢玛瑙男士戒指

图 | 白色玛瑙手镯

图 | 玛瑙手镯

玛瑙手镯

手镯是一种环形的首饰，是佩戴在手腕上的。手镯有不同的构造：一种是一个封闭的圆环，多是用玉石材料制成；另一种不是完全封闭，有端口，多是用金属制成。手镯在古代又叫跳脱、臂钏等。隋唐至宋朝，妇女用镯子装饰手臂已很普遍。玛瑙种类繁多，它们没有完全一样的纹理，因此每个玛瑙手镯都是独一无二的。而且玛瑙手镯可以辟邪，一些信佛的人，常佩戴玛瑙手镯，它既漂亮又实用。

首饰种类多种多样，手镯似乎是最受女士欢迎的。当你逛街时，不妨细心观察一下来往女人的手腕，很多女性会戴一只手镯，有各种款式、颜色、质地的，仿佛手镯就是和女人如影随形的。手镯还有很多作用：可以彰显身份，也能很好地装饰手腕，和服饰相搭配，还可以促进身体健康。

手镯的佩戴技巧如下：

清晨时分，一般手镯比较容易戴上，到了中午手镯就会变得不那么好戴了，这是因为中午，人的血管膨胀了。戴手镯也有一定的规则，不能完全随心所欲，否则会贻笑大方。

我们戴手镯，想戴几只，可以根据自己的意愿，这个没有过多的规定。如果只戴一只，应戴在左手上，不可戴于右手；如果想戴两只，可以双手各戴一只，也可以都戴在左手上；如果戴三只，就应都戴在左手上，不能一个手腕上有一只，一个手腕上有两只。人们一般不会戴比三只更多的手镯，如果要这样佩戴，就都要戴在左手上，这样看起来很不平衡，会显得更加新鲜、时尚。另外镶宝石手镯应贴在手腕上；不镶宝石的，可松松戴在腕部。我们还应该特别注意，我们的手镯佩戴应该和我们的服装相得益彰，不能只为了标新立异而破坏了整体美感。如果既戴手镯又戴戒指时，则应当注意两种首饰的整体和谐、搭配得当。

图丨玛瑙手镯

图 | 玛瑙渔家乐坠

初戴手镯的人，应仔细试戴，注意手镯的大小，过紧的话，戴起来费劲，手镯紧贴腕部，也不利于血液循环，戴起来不舒服；手镯过大又容易脱落，以致摔坏。如果试戴玛瑙手镯，腕部下方应放上软垫，以免因脱落而摔坏。

玛瑙耳饰

耳饰就是戴在耳朵上的装饰品，古代又称珥、珰。耳饰一般都不会很大，单独看，并不会有多夺人眼球，但是把耳饰戴在耳垂上之后，效果就会很不一样，当旁人看向你的脸时，耳饰能快速地吸引他人的目光，充分发挥其修饰人脸的作用，使佩戴者看起来更加美观。

另外，耳饰还有其他的作用。在古代，人们最初佩戴耳饰是为了辟邪，祈求平安、吉祥的。中医认为，耳洞的位置是不少穴位集中的地方，佩戴耳饰能使佩戴者放松疲劳的双眼，促使佩戴者心情愉快。

图 | 藏银玛瑙耳饰

图丨925纯银镶水滴形绿玛瑙耳钉

耳饰的佩戴技巧如下：

（1）脸庞偏大：如果女生脸盘比较大就最好不要戴圆耳饰，应该戴较大的耳饰或是上小下大形状的耳饰，如三角形、水滴形的，这一类耳环可以使脸看起来不那么宽，在视觉上可以拉长脸型。

（2）方形脸：方形脸需要通过耳饰修饰让脸部的线条看起来更柔和。花形、心形、椭圆形的耳饰都是不错的选择，这些线条柔和的耳饰可以很好地缓和脸部菱角，使脸看起来不是那么方。

（3）长脸：紧贴耳朵的圆形耳饰、纽扣型的耳饰、耳钉最适合脸部较长的女性，紧贴耳朵的款式可以减少纵向延展感。

（4）瓜子脸：瓜子脸下巴比较尖，可以选择下面大、上面小的耳饰，用来缓和下巴过尖的感觉，水滴形、三角形的耳坠或耳钉都是不错的选择，但是“倒三角形”会使尖下巴更突出，就最好不要尝试了！

图丨女士玛瑙耳坠

（5）卵圆形脸：卵圆形脸是东方女人的标准脸形，基本上佩戴何种款式、形状的耳饰都很适合。除此之外，还要注意耳饰与自身发型、服装等整体感觉是否协调，搭配得当才能美观大方。

（6）圆脸：如果是圆嘟嘟的脸，就最好不要佩戴圆耳环、圆形的耳坠了，以免显得脸更圆。

（7）多彩的夏季可佩戴色彩斑斓的耳坠或是带钻石的小耳环，冬季则可以佩戴金耳环，增加温暖感。

（8）如果脸的颜色发黄可以佩戴白色耳饰；如果肤色白净可以选粉色耳饰，或是镶玛瑙、红宝石的耳饰，可以衬托得肤色更加白皙动人。

（9）身材瘦小的女生可选精致的镶钻小耳饰；高挑的女生可选垂挂的大耳饰。

十二星座幸运石

白羊座（3月21日~4月20日）：白水晶、紫水晶、钛晶、黑曜石、石榴石、

金牛座（4月21日~5月20日）：绿幽灵、黄水晶、蓝玉髓、碧玺、海蓝宝

双子座（5月21日~6月21日）：黄水晶、钛晶、粉晶红碧玺、粉玉髓、黑曜石、

巨蟹座（6月22日~7月22日）：钛晶、红发晶、白水晶、茶晶、蛋白石、海蓝宝、石榴石

狮子座（7月23日~8月22日）：红碧玺、黑曜石、虎眼晶、金发晶、绿幽灵、黄水晶

处女座（8月23日~9月22日）：钛晶、粉晶、黄水晶、碧玺、

天秤座（9月23日~10月23日）：蓝玉髓、黄水晶、绿幽灵、海蓝宝、蛋白石

天蝎座（10月24日~11月22日）：紫黄晶、茶晶、紫水晶、钛晶、碧玺、石榴石

射手座（11月23日~12月21日）：紫水晶、黄水晶、绿幽灵、黑曜石、碧玺

摩羯座（12月22日~1月19日）：钛晶、茶晶、粉晶、绿发晶、石榴石、碧玺

水瓶座（1月20日~2月18日）：紫水晶、茶晶、黄水晶、钛晶、黑曜石、碧玺

双鱼座（2月19日~3月20日）：海蓝宝、玉髓、绿幽灵

图 | 红玛瑙貔貅手链

玛瑙饰品的选购

玛瑙可以制作成戒指、项链、手镯、耳环等很多装饰物，起到美化装饰的作用。玛瑙色彩斑斓，不同地区有不同的喜好，蓝色是欧洲人的最爱；红色是中国最受宠、最传统的颜色；东南亚地区偏爱生机勃勃的绿色。我们选购玛瑙首饰，颜色很重要，是我们需要首要注意的。要选择颜色纯正、艳丽，有光泽，有漂亮的纹理的，红色和蓝色都是名贵的颜色。接下来要看是否通透，表面光洁，透明，纹理清楚的都是不错的。还要看玛瑙饰品的质地是否细密，没有裂纹或者裂纹少的当然是首选。最后还要看饰品的工艺是否精细，构思是否巧妙独特。饰品的工艺的好坏往往对饰品价值有重要的影响。

图 | 招财纳福玛瑙吊坠

图 | 925 纯银镶玛瑙耳环

如果要购买玛瑙首饰，先要选择自己最喜爱的颜色。要是想选一款玛瑙珠链，要看珠子整体的颜色深浅是否一致，有没有杂色，珠子的大小也要协调，还应注意珠子要莹润有光泽。然后，拎起来珠链，看看串珠是否都垂在一条线上，如果珠链不流畅的下垂，表明有的珠子上面的眼儿不正，工艺不精细。要特别注意的是，所有用石粉凝制的玛瑙都不算上乘玛瑙，如果一款玛瑙上没有带状或层状纹，那这很有可能就是仿冒品。现在的珠宝市场上鱼龙混杂，有很多仿冒品或是人工合成玛瑙，在外观上观察这些仿品，他们的颜色、纹理都很像天然玛瑙，这就需要玛瑙收藏者或是想购买玛瑙饰品的人要先了解玛瑙知识，小心分辨。

玛瑙饰品保养

玛瑙首饰种类繁多，颜色美丽。刚买的玛瑙色彩瑰丽，看起来水灵透亮，可是佩戴久了，光泽就大不如前了，因此我们一定要注意玛瑙首饰的保养。

（1）玛瑙首饰不要和硬物碰撞。玛瑙很坚硬，但也很脆，如果受到撞击很容易碎裂，尤其是镂空的艺术品，更是脆弱，平常要轻拿轻放，暂时不用就要安放在质地柔软的盒内。

（2）我们佩戴玛瑙或玛瑙工艺品长时间摆放，表面难免会有油污或灰尘。如果要清洗玛瑙，可将饰品放在清水中，用软毛刷轻刷其表面。如要清洗油污，可将饰品放在有中性清洁液的水中清洗，再用清水冲净。

图 | 玛瑙亲嘴小鱼耳坠

图 | 玛瑙生肖吊坠

图 | 手工编织红黑玛瑙项链

（3）玛瑙是玉髓的一种，玛瑙制品不应放在阳光下暴晒，也应该避免剧烈波动的温差。这是由于玛瑙遇热会膨胀，分子体积增大，会降低玛瑙质量，玛瑙长时间受热，还有可能会发生爆裂。

（4）要想保护好玛瑙制品，尽量不要让其接触有化学试剂的物品，如香水、化学剂液、肥皂或是人体汗水等，以防止化学剂腐蚀玛瑙，是玛瑙失去光泽。

（5）水胆玛瑙制品很珍贵，要存放在有适当的湿度的空间，冬天天气干燥，要特别注意保持室内空气的湿润，以防止玛瑙内部水分遗失，失去原有价值。

玛瑙的功效与作用

玛瑙的历史十分久远，亿万年来，玛瑙吸收了天地之精华，蕴藏着丰富的微量元素。因此长期佩戴玛瑙饰品，益处良多。

（1）玛瑙是佛教七宝之一，从古至今一直被认为有辟邪功效，常用作护身符，保佑平安。象征友善、健康和希望，有利于人放松身心、缓解疲劳，吸收负面能量。

（2）把玛瑙放置于枕头下，有助于提高睡眠质量，避免做噩梦。

（3）玛瑙聚宝盆可以为一些水晶的饰品消磁充电，像戒指、吊坠、耳饰、手链等，但是要注意用纸包起来，避免刮伤。

图 | 紫玛瑙手把件

图 | 天然黑玛瑙项链

图 | 黑白玛瑙情侣珠串

（4）正在上学的学生可以多亲近水玛瑙，受其能量熏染，有利于促进学生思维敏捷，使其善于思考。

（5）水玛瑙可以让人变得有亲和力，促使人为人处世能够随机应变，有利于我们更好地与他人相处。

（6）夫妻在卧室中摆设带水玛瑙，有利于促进夫妻感情和谐，使夫妻相处更加融洽。

（7）红色玛瑙有助于血液循环，使人气色红润。偏橘色的红玛瑙则可预防胃肠方面的疾病，对治疗便秘有一定疗效，有助于排出体内毒素。女人如果长期佩戴玛瑙可以促使皮肤白皙、光滑，让人心情愉悦，面色年轻，眼睛变得更加明亮。

图 | 红玛瑙吊坠

（8）玛瑙有助于预防眼睛疾病的发生。

（9）黑玛瑙可使人理性处事，客观地对待他人的意见，在纷杂的环境中也不会迷惘，不会在处事中失了自己的立场。使人对自己更有信心，有勇气面对生活中的事情，还可阻挡负面能量的侵害，对我们的生活和事业都很有帮助。黑玛瑙是坚毅的象征，会让人很有安全感。黑玛瑙还有投射功能，黑色玛瑙不但可以很好地把负面能量吸收，还能反射回去。

玛瑙的真假鉴定

如今，玛瑙市场鱼龙混杂，有很多假冒品充斥于市场中。合成玛瑙比较多，其中有塑料的、玻璃的、石质的等多种材料，仿制玛瑙与天然玛瑙的颜色、花纹等都很相像，使不少人上当过。所以玛瑙爱好者欲收藏或玩赏时，需要学习一些关于玛瑙的分辨技巧。

通常说来，为了鉴别玛瑙质量与评定其经济价值，关于玛瑙都有明确的分级标准：

图丨天然绿玛瑙项链

图 | 玛瑙招财进宝手链

图 | 清 南红玛瑙摆件——麒麟送子

（1）特级：颜色纯正、具有鲜艳的红、蓝、紫、粉红色；有美丽的花纹；整体通透，呈半透明；无裂纹、无砂心、无杂质；约5千克以上重的玛瑙。

（2）一级：颜色纯正、具有鲜艳的红、蓝、紫、粉红色；有美丽的花纹；整体通透，呈半透明；无裂纹、无砂心、无杂质；约2～5千克重的玛瑙。

（3）二级：颜色纯正、具有鲜艳的红、蓝、紫、粉红色；有美丽的花纹；整体通透，呈半透明；无裂纹、无砂心、无杂质；约0.5～2千克重的玛瑙。

（4）三级：颜色纯正、具有鲜艳的红、蓝、紫、粉红色；有美丽的花纹；整体通透，呈半透明；无裂纹、无砂心、无杂质；约0.5千克以下重的玛瑙。

仿制玛瑙和天然玛瑙在纹理上区别很大，仿制玛瑙横断面没有同心层纹结构。一般，整块玛瑙还比较好辨别，而加工后的成品都经过了切割、打磨，图案不再完整，不容易辨认。但通常说来，天然玛瑙摸起来凉凉的，表面有蜡质感，并有蜡的光泽；呈半透明状；莫氏硬度在7级以上，用玉划不出痕迹。

图 | 绿玛瑙项链

另外，除了不少人工合成的玛瑙外，也有用质量较好的石材来充当玛瑙的。这样的仿品摸起来凉凉的，但是不具备玛瑙的蜡质感和蜡样光泽；莫氏硬度在5级以下；若将其砸开，会发现其不具备玛瑙的层纹，颗粒也较粗，还有的有裂纹，不透明；颜色之间缺少过渡；不同颜色的比重差异很大，主要是成分含量所致。另外，还有一些商家在假玛瑙上粘上一层薄薄的有机物，仿佛真玛瑙的蜡质感觉，要特别注意。

下面具体就质地、透明度、质量、颜色、工艺质量、纹理与温度这些方面给大家介绍玛瑙的真假鉴定。

（1）从质地来看：玛瑙仿制品，不如真玛瑙质地硬，假玛瑙可以被玉划出划痕，而真玛瑙不会留下痕迹。

（2）从透明度来看：真玛瑙的透明度不是特别好，内部稍有混沌，有时可看见自然水线或红色小斑点，而人工合成的玛瑙透明度非常好，像玻璃一样透明，不如真玛瑙自然。

（3）从重量来看：我们可以在手上掂一下他们的重量，真玛瑙更重一些。

（4）从颜色来看：真玛瑙色泽光鲜明亮，假玛瑙的颜色没那么显眼，光泽度也不如天然玛瑙好。天然红玛瑙颜色艳丽，有明显的纹理，细心观察，会发现有红色的小斑点密集排列在红色条带处。如果在玛瑙烟壶的底部有花瓣形的花纹，这大多是石质仿制品；而染色玛瑙其颜色艳丽、均匀，看起来不自然。

（5）从温度来看：天然玛瑙不随外界温度而变化，冬暖夏凉，而人工合成玛瑙，夏天它会变热，冬天它会变凉。

（6）从工艺质量来看：高质量的天然玛瑙其工艺也是严格把关的，外观光洁明亮，无裂纹、划痕，宝石镶嵌得牢固；而玛瑙仿制品工艺则质量不佳。

琥珀

神秘化石

琥珀概况

琥珀的定义

从历史上来看，琥珀很早就被人们发现和利用，但琥珀到底是什么，琥珀是怎么来的，人们那时并不是特别清晰。唐代诗人韦应物曾作《咏琥珀》一诗，描绘道："曾为老茯神，本是寒松液。蚊蚋落其中，千年犹可觌。"可谓对琥珀为何物，描写得很到位。琥珀是一种有机混合物，是由中生代白垩纪至新生代第三纪松柏科植物的树脂，经地质作用而石化形成的。

图 | 花珀吊坠

图 | 琥珀福禄吊坠

“Amber”是琥珀的英文名称，是由拉丁文“Ambrum”变化来的，意思是“精髓”。另有观点称是来自阿拉伯文“Anbar”，意思是“胶”，因为西班牙人将埋在地下的阿拉伯胶和琥珀称为“Amber”。在古代，中国人则认为琥珀为“虎魄”。琥珀约在6000年前就开始被人们制作饰品。在一些文明古国的许多古墓中，琥珀饰品都曾被发现过。古罗马的妇女经常手握一块琥珀，因为在手掌的温度下，琥珀能发出一阵阵淡香。在古罗马琥珀是很贵的，一名健壮的奴隶也不及一块琥珀小雕像值钱。琥珀还有很多好处，有的地方常给小孩佩戴琥珀，作为护身符使用。

在中国，古人赋予了琥珀很多不同的名称，如虎魄、琥珀、遗玉、江珠、顿牟、育沛和红松香等。在我国古代关于琥珀的来历有个很神奇的说法，就是认为琥珀是老虎的魂魄入地幻化的。明代的著名医药学家李时珍还曾说过：“虎死则精魄入地化为石，此物状似之，故谓之虎魄。”现在我国综合了各方面因素，沿用了琥珀这个名称。琥珀在我国被归类于天然有机宝石。

图 | 琥珀多排转运珠手链

图 | 琥珀吊坠

图 | 金珀手串

德国和罗马尼亚把琥珀作为国石，并盛赞其为“波罗的海黄金”。在欧洲，古时候人们把琥珀称为“北方之金”，琥珀象征吉祥如意，被当成护身符。欧洲人还认为琥珀能维护爱情长久稳固，而且除了皇室贵族，一般人无法拥有琥珀。随着时间的推移，美国贵族又开始把琥珀奉为珍宝，那时玛丽·华盛顿，这位美国的第一夫人就享有一串珍贵的琥珀项链，现如今这串项链被珍藏在美国的历史博物馆中。在中国，琥珀不仅作为首饰，还在医药方面发挥着重要作用，它能够安定五脏、止渴解烦、镇痛安神、活血化瘀、化痰利尿。中国最早系统记载关于矿物原料的著作《山海经》中就已经记载了琥珀在医疗方面的神奇功效。据说在古希腊，婴儿出生只要戴上琥珀，就可辟邪化煞，健康长大；新婚夫妻如果佩戴琥珀，就能够伉俪情深、百年好合。

琥珀不同于其他的矿物宝石，它就是植物树脂石化了的有机混合物。琥珀属于有机宝石。比较常见的有机宝石包括珍珠、珊瑚、象牙、玳瑁（龟甲）、贝壳、煤精等。自古以来琥珀就一直被皇家、贵族、富豪等竞相推崇。他们认为琥珀有治病消灾、保佑平安、带来财运和富贵荣华的神奇功效。

琥珀的特征

琥珀受世人青睐，人们盛赞琥珀美得浑然天成、古朴自然，盛赞其温润的外表下透着高贵典雅的气质，盛赞其穿越千万年的风采。研究发现，琥珀形成于 4000 万 ~ 6000 万年前。这些远古年代的松树脂化石，表面常保留着当初树脂流动时产生的痕迹，内部经常可见气泡及古老昆虫或植物碎屑。坚硬琥珀里，有时能见到一根羽毛，或是一只小虫，它们那样清晰，就被定格在那里，再加上树脂金黄温暖的色调，琥珀怎能不美丽而神秘。

琥珀的化学式为 $C_{10}H_{16}O$，主要元素是碳、氢、氧还有少量的硫，还包含铝、镁、钙、硅、铜、铁、锰等微量元素。它主要是由琥珀松香酸、琥珀脂酸、琥珀油和琥珀酸盐等物质组成的，含少量的硫化氢。琥珀一般形成于千万年前，黎巴嫩产出过年龄最大的琥珀，大约是 1.35 亿年前形成的。不同琥珀的组成并不完全相同。琥珀是一种非晶质体，有各种各样的形状，有瘤状、水滴状、结核状或各种不规则形状的原料。有的琥珀表面有年轮显现或表面具有放射状纹理，砾石状的琥珀表面有一层皮膜，皮膜是不透明的。我们经常可以在煤层中发现琥珀。

图 | 花珀耳坠

图 | 金珀福气瓜雕件

图丨琥珀葫芦项链

150 ~ 180℃是琥珀的熔点，250 ~ 375℃是其燃点。即琥珀在 150℃时开始变软，250℃时熔融，产生白色蒸气。琥珀熔化后会有淡淡的芳香产生。在硫酸和热的硝酸中琥珀很容易溶解。部分琥珀还能在汽油、乙醇、酒精和松节油中溶解。琥珀的年代、温度、所含的成分等是琥珀颜色形成的影响因素。琥珀受热颜色会变深，年代久远的琥珀一般颜色较深，这是由于氧化作用。琥珀内的木屑、黄铁矿成分都会加深琥珀颜色，如果琥珀内含有大量的腐殖土，琥珀颜色也会变深，因为腐殖土会分解大量的硫黄酸，从而使琥珀颜色加深，另外琥珀酸的含量还会影响琥珀的透明度。有一些琥珀带有荧光，这是受火山活动影响，由于火山附近土壤中含硫化物导致的。例如西西里岛靠近埃特纳火山的琥珀就带荧光，异常美丽。而不同种类的琥珀，我们佩戴后，有的琥珀也会改变颜色。例如，淡黄色的琥珀会逐渐变深，而黄色琥珀还会带红色。有时一块琥珀上可能会有两种或者两种以上的颜色，这些不同的色调，有时会组合得非常美丽，仿佛是人工精心设计的。琥珀的千变万化和独特魅力，千百年来一直吸引着人们的目光，令人爱不释手。

图 | 蜜蜡莲花吊坠

琥珀的传说

从古至今，琥珀就是一种充满神秘、富有魅力的宝石，虽然没有黄金、钻石那样耀眼夺目，但是它含蓄温润，给人安详恬静的感觉。而诸多瑰丽的传说，又给琥珀增添了一些传奇色彩！

在欧洲，流传着许多关于琥珀的美丽传说，但这些传说常常和眼泪有关系，带着一丝淡淡的忧伤。

图 | 琥珀戒指

天使之泪

有一个关于琥珀的传说流行在波罗的海，传说里讲琥珀是天使之泪。在一个宁静安详的夜晚，美丽的蜡制天使飞离了挂他的圣诞树，在波罗的海的岸边自由飞翔。后来他目睹了骑士们百般欺辱那些俘虏，善良的天使为那些备受折磨的妇女、儿童流下了同情的眼泪，天使在此伤心逗留，他忘记了返回的时间。太阳升起来了，蜡制天使熔化成了一滴一滴的蜡油滴进了波罗的海中，后来这些蜡油就成为了琥珀。

图 | 清 琥珀雕松鼠葡萄坠

图 | 清 琥珀鱼篓形鼻烟壶

人鱼的眼泪

有一位女神名叫尤拉特，是住在波罗的海的琥珀皇宫中的美人鱼，他拥有倾国倾城的美貌和举世无双的智慧。卡斯图特斯是独自住在斯芬托吉河入海口的一个勇敢的渔夫。有一天这位渔夫在尤拉特女神的海域捕鱼，尤拉特便派手下告知他不要在这个海域捕鱼，经过多次劝阻，渔夫依然我行我素，尤拉特决定亲自出马，没想到女神却爱上了这个英俊、勇敢的年轻人，还把他带回了琥珀宫中。

好景不长，雷神普空尼斯得知尤拉特竟与一名凡人相爱了，于是他震怒之下，用雷电将琥珀宫殿化为乌有并杀死了卡斯图特斯，还用锁链将尤拉特锁住，将她永远禁锢在这一片海底废墟之中。

悲痛欲绝的女神为逝去的爱人痛哭，流出了带血的眼泪。女神的伤心，使大海波涛汹涌，久而久之，海浪把一些琥珀冲到岸边，人们认为这些碎琥珀就是由女神的眼泪凝结幻化而成的。

图 | 清 琥珀108子佛串

虎目之精魄

欧洲关于琥珀的传说浪漫、凄美，而中国关于琥珀的传说却更带有神奇色彩。

段成式是唐代大才子，曾著《酉阳杂俎》，记载过一则关于琥珀的神奇传说：

荆州陟屺寺僧那照善射，每言光长而摇者鹿，帖地而明灭者兔，低而不动者虎。又言，夜格虎时，必见三虎并来，挟者虎威，当刺其中者。虎死威乃入地，得之可却百邪。虎初死，记其头所藉处，候月黑夜掘之。欲掘时必有虎来吼掷前后，不足畏，此虎之鬼也。深二尺，当得物如琥珀，盖虎目光沦入地所为也。

图 | 琥珀吊坠

这段记载的大概意思是是楚地荆州有个陟屺寺，寺里有个叫那照的和尚，这个人射箭功夫了得，百步穿杨，慢慢就有了丰富的经验，有了一些心得体会：夜晚进山，如果看到远方有光，光长且摇动，肯定是鹿；紧靠地面，一会亮一会灭的，肯定是兔子；低而不动的，就一定是老虎了。那照还说，在夜晚与老虎打斗时，由于老虎速度非常快，会使你眼花缭乱，好像看到有三只老虎扑了过来，这时候必须迅速刺向中间那只，那才是真正的老虎。老虎死后，"虎威"会沉于地里，得到"虎威"可辟邪化煞。那么什么是"虎威"呢，怎么才能得到它呢？在老虎死的时候，虎头垂向地面，眼睛朝下，务必要记住那个方位，在没有月亮的深夜，在那个方位挖掘，此时会有老虎前来怒吼、阻止，不要害怕，这不是老虎的真身。挖到约两尺深得时候，必会挖出一块金黄的宝石，这是老虎的目光凝结的产物！

图 | 金珀戒指——富贵花开

图 | 琥珀随形吊坠

琥珀的形成

没有相同的两块琥珀，它们是大自然留给我们的珍宝。近现代以来，科学技术飞速发展，人类凭借科学知识和技术手段，慢慢见到了琥珀的真面目。科学研究发现，琥珀形成于 4000 万 ~6000 万年前，是古老的松树脂在经过地质作用的高热挤压之后，逐渐石化形成的一种稀有的天然有机宝石，琥珀的形成本就源于生命体，因此它天生就赋有灵性，就像世上没有两片完全相同的树叶一样，琥珀也都是独一无二的。

中生代白垩纪至新生代第三纪时期，人类还不存在，那时的气候温暖、潮湿，有许多松柏科植物生长在地球上，大量液体树脂存在于这些树体内，这些树脂会从树木里流淌下来落在地上。后来地壳剧烈运动，原来长有大片森林的陆地塌陷，森林连同树脂一起被泥土等沉积物深深地掩埋。经过几千万年的地球内部的压力和热力作用逐渐发生石化，这时树脂的成分、结构和特征都发生变化。之后，地壳不断地运动，把石化了的树脂搬运到其他地方，在平坦的地方，水流速度降低，石化树脂就会沉积，然后经过成岩作用，就变成了琥珀矿。琥珀形成以后，经过漫长的岁月，经历地壳升降迁移、日晒雨淋、冰川河流冲击的种种磨炼，有的露出地表，有的又被埋了起来。露出地表的琥珀，有一些被冲入海中成为海珀，有一些被冲入湖中成为湖珀，再有的埋入地下的成为矿珀。沉积地层和煤系地层常蕴藏琥珀。琥珀在形成过程和其后的悠悠岁月中，受到周围水土、有机物、无机物和阳光、地热等种种因素影响，使其颜色、密度、硬度等特性产生了许多变化，这才形成我们如今看到的琥珀。石化的树脂就是琥珀的本质。

在很久以前，欧洲北部曾是莽莽森林，人类还没出现。当时的气候温暖湿润，今日松柏植物的祖先植物淌下树脂后来由于地质作用那些原始森林没入水下，被泥土深深掩埋，树脂与世隔绝，形成了今天看见的奇妙的琥珀。如今北欧大片的土地都变成了海洋，这就是为什么波罗的海沿岸那么高产琥珀的原因。

图 | 清 琥珀狮钮方章

琥珀的产地

图 | 花珀吊坠

琥珀产地众多，现在全世界发现的琥珀产地已有 100 多个，每年还有新的挖掘点被发现。

国外的琥珀主要出产在俄罗斯、波兰、墨西哥、加拿大以及波罗的海沿岸等国家，20 多年前在多米尼加海域就出产了大量的质量上乘的琥珀，在捷克、罗马尼亚和意大利、美国、加拿大、智利、缅甸也有产出。

我国也有很多地区产琥珀，辽宁、河南、云南、福建、西藏等是主要产地。最为著名的是辽宁抚顺和河南南阳地区。

图 | 灵猴献寿

波罗的海琥珀

琥珀按产地可以分为海珀和矿珀。提到海珀我们不得不提波罗的海沿岸国家出产的琥珀。波罗的海琥珀，以其温润的色泽、低调的奢华、神秘的气质，在古代一直深受欧洲贵族推崇、盛赞，时至今日其琥珀工艺品仍然备受世人青睐。波罗的海琥珀透明度高、质地晶莹、品质极佳、产量大，颜色丰富多样有黄、红、褐、白、蓝、绿等多种颜色，以黄色、褐色为主，种类丰富多样。波罗的海的琥珀是世界上最好的琥珀，世界上大多数的琥珀出自于这里。波罗的海琥珀产于丹麦、德国、波兰、乌克兰等波罗的海沿岸国家，不同地区的琥珀具有不同特点。

图丨波罗的海花珀手串

图丨波罗的海琥珀手串

图 | 黄色天然红花珀项链

波兰琥珀

波兰被誉为世界琥珀之都。波兰地处中欧东北部，北方濒临波罗的海，有总长 528 千米的海岸线，波兰的琥珀储量极其丰富。波罗的海的其他地区虽然也产琥珀，但一般比波兰的产量少很多。波兰的琥珀质量是波罗的海琥珀中最好的，波兰有些琥珀中带有琥珀花，相当美丽，拥有其他地区无可比拟的优势，一般说来，内含琥珀花的琥珀都是波罗的海琥珀。琥珀花的形成是由于琥珀内部含有极其微量的水和空气，但肉眼根本看不见这些气泡，它是琥珀深埋地下，受到地热和压力而膨胀产生的。地热作用可以净化琥珀，从而使琥珀变得更加晶莹，更加透明。波罗的海与北冰洋是相通的，由此这里海水温度非常低。据说，这使得这里产的琥珀玲珑通透，质地细腻，五彩缤纷。一些琥珀经过加热，质量达到了世界最高水平，而其他地方产的琥珀即使经过处理也很少能产生怎么好的效果。

波兰琥珀加工业也很发达，琥珀加工的作坊一般分布在北方，主要分布在格但斯克市。格但斯克市是波兰的历史文化名城，有许多古建筑群，还是一座著名的港口城市。那里有一条著名的圣玛利亚琥珀街，是以琥珀命名的。这座城市大量出产琥珀，而且也因是琥珀工艺品的重要加工制作地而在世界上著称。这里的琥珀工艺品构思独特，加工精制，在国际上享有盛誉。

图 | 波兰多宝手串

俄罗斯琥珀

俄罗斯拥有最丰富的琥珀储量，每年开采琥珀600 ~ 700吨，开采的琥珀，一半是宝石级别的，另一半质量不好的用在工业上或医学领域。俄罗斯琥珀的年龄大概是3200万年左右。

加里宁格勒琥珀矿是俄罗斯最著名的，也是波罗的海区域最大、最丰富的琥珀矿。加里宁格勒地处波罗的海塞姆兰特半岛西北部，这里的蓝泥层有2 ~ 10米厚，而其中的琥珀矿层最多可厚达3米，在蓝泥层中可出产大量琥珀。此处总储备约有64万吨的琥珀，但近些年，多处已被采尽。

加里宁格勒曾经是普鲁士的领地，当年普鲁士国王腓特烈二世曾将一座“琥珀屋”赠予彼得大帝。二战期间，琥珀屋神秘失踪。从1979年开始，俄罗斯工匠花费23年的时间重新修建琥珀屋时使用的6吨琥珀就来自加里宁格勒矿区。

在加里宁格勒街头闲逛，随处可见商店或摊位出售的晶莹闪耀的琥珀。用不同颜色琥珀制成的各种款式的首饰令你应接不暇，各种精致的琥珀摆件和琥珀器物令你爱不释手，而最让人称道的则是“虫珀”，虫珀里包裹着的小昆虫或植物残枝，见证了千万年沧桑变化的琥珀，如今你能真实地触摸到它，这是一件多么美妙的事情啊。

图 | 火珀圆珠耳坠

图 | 黄色天然琥珀吊坠

丹麦琥珀

据说，第一个发现琥珀的国家就是丹麦，丹麦人认为是人鱼的眼泪幻化成了琥珀，在2000万～5000万年之前，丹麦的很多地方都从陆地变成了海洋，松柏科植物流下的树脂，就逐渐石化成了今天的琥珀。在丹麦的维京时代，人们还曾把琥珀作为货币，在市场上流通。进贡时也会用到琥珀，琥珀到达过罗马帝国。据说当时的罗马贵族妇女经常手握一块琥珀，因为在手的温度下琥珀会发出一股清香的松脂味。这个琥珀的发祥地的人们，还开辟了琥珀贸易之路，在世界史上享有盛名，丹麦人自豪地取名为“琥珀之路”，和中国的“丝绸之路”很相似，据丹麦相关资料记载可知，这条“琥珀之路”促进了世界贸易与文化交流，到达过地中海、波斯、印度、中国甚至更远的地方。

图 蜜蜡弥勒佛挂件

意大利琥珀

提到意大利的西西里岛，我们就会想到那里秀丽的景色，它是一个令人心驰神往的地方。西西里岛位于形似长靴的意大利半岛的鞋尖地带，是地中海最大的岛屿。参观西西里岛就仿佛回到了过去，古希腊、古罗马、拜占庭、阿拉伯等各种文明都在那儿留下了深深的烙印。意大利除了有醉人的风景，还出产迷人的琥珀。

这里的琥珀以橘色或红色为主，也产有少量绿色、蓝色和黑色的，甚至还偶见紫色。这里的琥珀质地细腻、晶莹、有光泽，是蓝珀和绿珀的著名产地。西西里岛的琥珀大概是晚白垩纪到古新世之间形成的，约在 6 千万—9 千万年前。西西里琥珀的尺寸一般不大，8 ~ 10 厘米的琥珀就是稀少的大块琥珀了，这里琥珀的大小尺寸与抚顺产的琥珀较相似。这里也产非常珍贵稀有的带有荧光的琥珀，不过琥珀的荧光会随着时间流逝而慢慢减弱。

2012 年，世界上最古老的昆虫琥珀被科学家在意大利发现，它们保存完好，其中有已经有 2.3 亿年历史的 3 只昆虫。科学家在意大利东北部观察了 7 万多滴琥珀，通过显微镜发现了藏在琥珀中用肉眼很难发现的微小螨虫，还发现了一只小苍蝇，它们比现代果蝇还小。

图 | 黄色琥珀灵芝雕件

图 | 琥珀人物雕

罗马尼亚琥珀

罗马尼亚出产的琥珀，是世界各地出产的琥珀中颜色最多的，有黄褐色、深棕色、深绿色、黑色和深红色等，都是深色系列的，这是因为有大量的黄铁矿和煤存在于这里的琥珀矿区，这些物质导致琥珀颜色加深。黑琥珀是罗马尼亚琥珀中最珍贵罕见的，在黄光灯光下则呈现枣红色，国人所称这种琥珀为翳珀。罗马尼亚还有一种琥珀很特别，是棕色和绿色之间的一种颜色，熔点在是 300 ~ 310℃，燃烧可闻到刺鼻的硫黄味。罗马尼亚琥珀的相对密度是 1.048，稍低于波罗的海琥珀，硬度却比波罗的海琥珀高一些。罗马尼亚还有一种红棕色琥珀，用紫外线照射，会产生蓝色荧光，多米尼加的蓝色琥珀也是这样，在紫外线照射下，显蓝色荧光。过去很长一段时间，罗马尼亚琥珀，在欧美市场是最贵的。年代久远的罗马尼亚琥珀艺术品特别具有收藏价值。

多米尼加琥珀

世界上出产琥珀的第二大地区是美洲，其中南美洲的多米尼加共和国产的琥珀就非常有名。出产含有各种生物的琥珀是多米尼加琥珀的最主要特征，除了含有各种各样的珍贵昆虫外，哺乳动物的毛和鸟的羽毛也时有发现，当然植物的花和叶等也有发现。更为罕见的情况是，青蛙、蜥蜴等较大型生物曾在多米尼加琥珀内被发现，这种琥珀就极其珍贵了。多米尼加的虫珀极富盛名，质量优等、包裹物丰富多样、虫体保存完好，在距今 3000 万年的地层中形成。

多米尼加主要有两个琥珀产地，一个是该国的圣地亚哥和普拉塔港之间的北方山脉。这里位于海拔 800 ~ 1000 米的区域大约有 10 个开采点，许多已开采尽了。另一个矿区是 1970 年开始开采的，在该国西部的厄尔山。

这里琥珀年龄在 1700 万 ~ 3000 万年之间。受国际上的影响，再加上此地开采琥珀方式还比较原始，因此多米尼加琥珀产量不高。

多米尼加琥珀透明度比较高，以黄色或橘色为多，受其他地质等因素影响，这里还产珍贵的蓝色、绿色、红色和樱桃色的琥珀，但一般都有杂质。蓝珀最富盛名，而且工艺品很多都是手工制作的。

图 | 多米尼加蓝珀原石

图 | 多米尼加蓝珀戒面

在我国的市场上，质量上乘的蓝珀尤显珍贵。蓝珀产量稀少，供不应求。多米尼加对琥珀出口有所限制，因此多米尼加蓝珀价格一直很高。据推断，是由于火山爆发等因素导致了蓝珀的形成，随着光线变化蓝珀还会变幻出蓝、绿、黄、紫、褐等五种以上颜色。在欧美市场上蓝珀是高档的珠宝与艺术收藏品，很多大块藏品被收藏在博物馆中。蓝珀因其极其稀有再加上它神奇的变色反应，使它无疑成为最有价值、最受欢迎的宝石，它如梦幻般的色彩，高贵优雅的气质，宛如宝石中的王妃，备受追捧。

蓝珀一般整体看上去表面是明显的蜜黄色，表面对光的部分呈微蓝色（极少数蓝珀即使在普通光线下本身就几乎是蓝色的）。如果在白炽灯或明亮的太阳光下观察，这种蓝色显得更为明显，如果光照射角度变了，蓝色会随之移动。若在特定荧光灯下观察，就会带有明亮的绿色或紫色调的蓝色荧光。在白光下多米尼加蓝珀就能呈现紫蓝色光彩。通常情况下，波兰和中国的琥珀是没有这样的效应的。

如今市场上销售的多米尼加蓝珀很多都是人工染色制成的或者是用其他材质制成的仿品。很多商家称之为蓝珀的实际上根本不是真正的蓝珀，一般是黄红色的琥珀，仅是紫外光下呈些许蓝色。蓝琥珀能呈现蓝色，就是因为晶体含有一种特有的碳氢化合物，这种物质源于多米尼加共和国境内曾生长的一种古老的、已经灭绝的豆科植物，因此，含有这种碳氢化合物的琥珀主要产于多米尼加共和国。正因为如此，琥珀的其他品种才看不到青蓝的光泽。多米尼加蓝琥珀还有非常独特的一个特征，就是在雕刻加工蓝珀时，会有一股格外刺鼻的芳香气味，这是琥珀含有的芳香族的碳氢化合物带来的香味。

图丨观音像蓝珀吊坠

图丨多米尼加蓝珀吊坠

图 | 天然云纹缅甸琥珀挂件

图 | 琥珀戒面

亚洲琥珀

亚洲也是目前世界上的重要琥珀产地之一。

缅甸琥珀

缅甸也是世界上重要的琥珀产地，是亚洲琥珀的最重要来源。缅甸琥珀完全不像波罗的海琥珀具有那种明黄的色调，它通常颜色偏红，主要是暗橘色或棕红色。缅甸琥珀中有一种很名贵的樱桃红的颜色，樱桃红的琥珀，和血珀相近，但比血珀艳红，产出很少，是非常珍贵的琥珀品种。

缅甸琥珀含有方解石，在空气中氧化后，会更加加深琥珀的红色。由于含有方解石的缘故，琥珀变得质地细密、硬度较大。

缅甸琥珀大多数是 20 世纪初在北缅甸开采的。科学研究发现，缅甸琥珀含有绝种的昆虫种类和海底微小生物化石，缅甸琥珀形成于 6 千万 ~1.2 亿年之前。1898 年，英国人控制的企业开始开采缅甸的琥珀，这种情况一直持续到二战时期缅甸爆发重要战役时结束，期间平均每年约产 1 吨琥珀。

缅甸最重的一块琥珀，重达 15.25 千克，如今收藏在伦敦历史博物馆中。这块琥珀是 1860 年约翰查尔斯鲍宁用 300 英镑在中国广东广州市的市场上购买的，后来此人将此捐献给了伦敦历史博物馆。这块琥珀非常巨大，还被载入了《吉尼斯世界之最大全》。

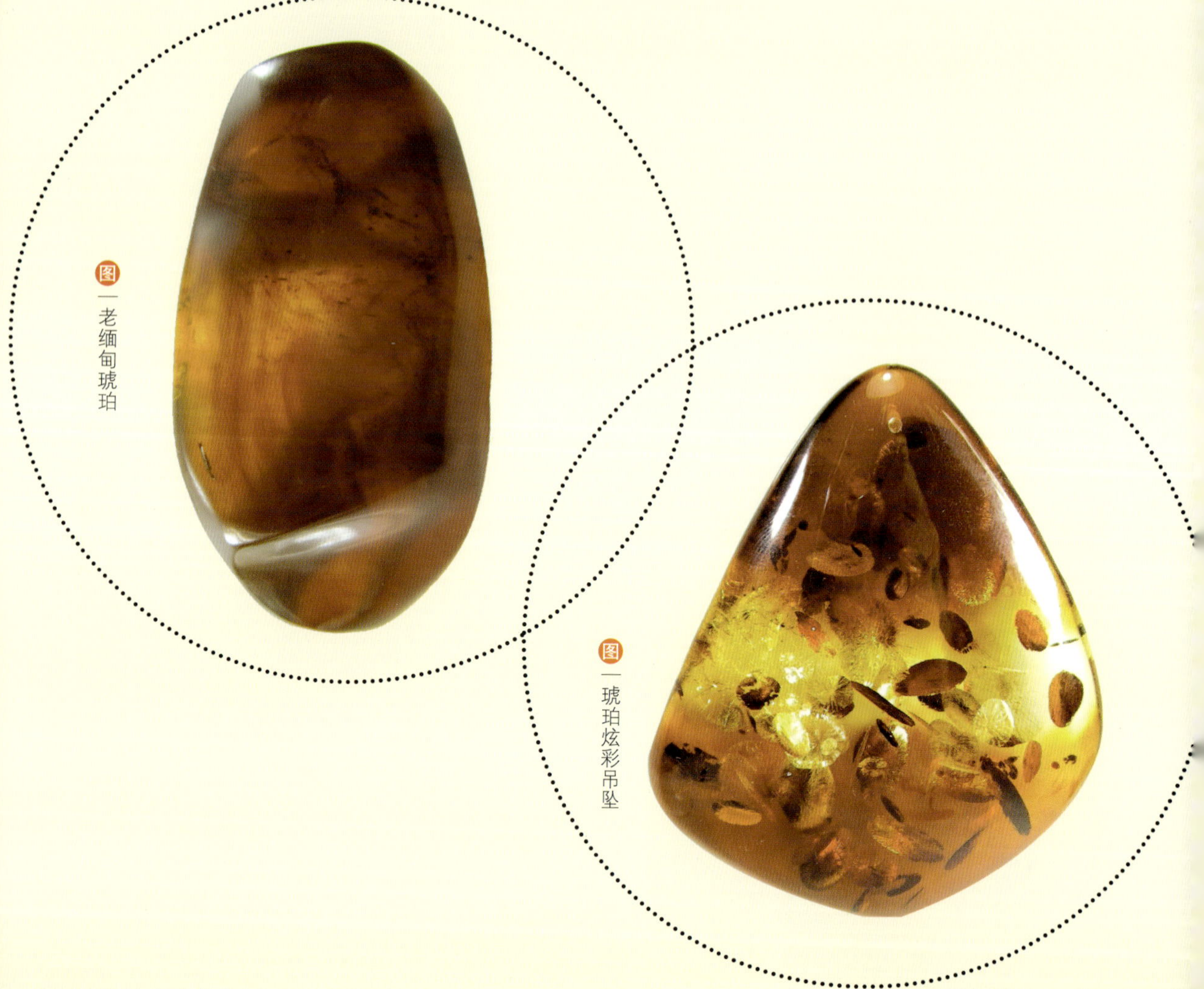

图 老缅甸琥珀

图 琥珀炫彩吊坠

中国琥珀

我国的琥珀一般都是黑褐色的，含有很多杂质。我国有两个重要的琥珀产地，一是辽宁的抚顺，另一个是河南的西峡县。

（1）辽宁抚顺琥珀

核磁共振实验证实，辽宁抚顺的琥珀是始新世形成的，距今约 3500 万 ~5900 万年，它的形成比波罗的海琥珀要早 1000 万年。

与煤层伴生，也有一些产于煤层顶板的煤矸石之中，灰褐色煤矸石中的琥珀呈金黄色，非常致密，硬度也较大。颜色丰富，有血红、金黄、蜜黄、棕黄和黄白等多种颜色。抚顺煤田的琥珀一般是块状、粒状的，品质佳，产量高，近似于波罗的海的琥珀，是透明到半透明的。抚顺也产包裹着昆虫或植物的珍贵虫珀。虫珀产量很少，几率约为万分之一，其中在很多琥珀中的昆虫不如波罗的海琥珀中的虫饱满。到近些年，很多矿开采殆尽，很少出产琥珀了，有些人就开始收藏琥珀。在抚顺，不少人家里都有一些琥珀饰品或琥珀小摆件之类的，珍品基本不会卖，珍贵的虫珀更是千金难求了。国家把虫珀归为化石，价格是相当高的，而且还在连年上涨。抚顺琥珀具有强树脂光泽，密度 1.1~1.16，硬度 2~2.5，相对折射率为 1.539~1.545，其燃烧时有芳香味。

图 | 抚顺琥珀佛珠串

图 | 抚顺天然琥珀项链

图丨抚顺天然琥珀 108 颗佛珠串

抚顺琥珀有个独特的品种，就是一种外表为黑白颜色的花珀，这是其他地区琥珀不具备的品种，形成于 3500 万 ~3600 万年之前。

研究者研究了许多生物化石和地质方面的信息，发现抚顺地区正处于一个构造断裂带上，喜马拉雅山的剧烈运动，导致抚顺地区不断下沉形成一个盆地，这与抚顺琥珀的形成密切相关。在距今约 6000 多万年的古新世时，这里先是火山频繁爆发，之后又逐渐稳定下来。在之后平静的几十万年的悠悠岁月中，大量植物就生长在了富含大量微量元素且满是火山灰烬的土地上，并不断繁衍生息。这里曾是大片郁郁葱葱的热带原始森林，到处都是河流、湖泊，气候温暖湿润，是花鸟虫鱼的天堂。有时狂风暴雨袭来，雷电袭击到了树木，使其枝干断裂，受到创伤。这时，树脂就会从受过自然创伤的松科植物的断裂口处流出来。树脂源源不断地流出，有些树脂带有很香甜的味道，于是当树脂刚刚分泌出来时，蚂蚁、蚊虫和甲虫等各种各样的小虫子便闻香

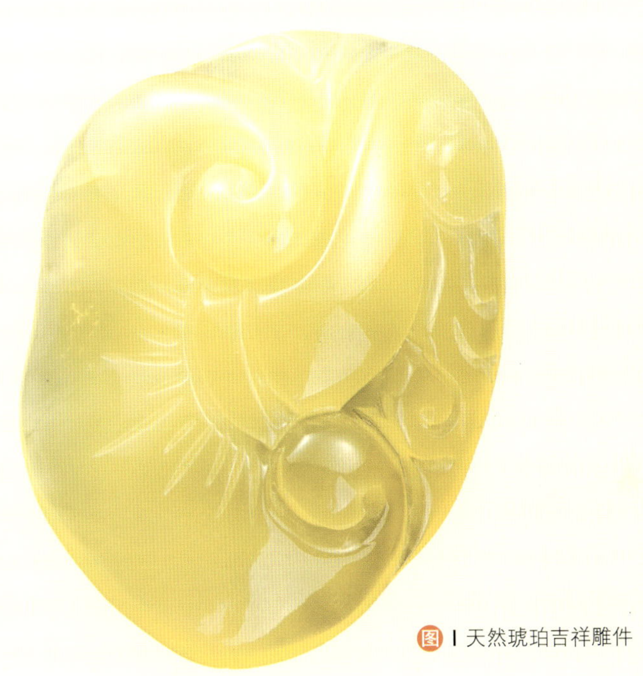

图 | 天然琥珀吉祥雕件

而来，还会吸引一些吃昆虫的小动物，一旦有小昆虫闯入禁地，就会被非常黏稠的树脂粘住，小昆虫拼命挣扎，直到耗尽气力也难以逃脱，这时，又有树脂分泌出来了，慢慢越积越多，就会将各种小昆虫、小动物和小树叶之类彻底包裹起来。被包裹在树脂中的各种动植物和孕育它们的原始森林，当时地质构造运动非常活跃，盆地急速下降，之前大片的原始森林被深深掩埋，地层里面大量的有机物质被封闭起来，它们共同处在一个密封环境中，动植物都不会腐烂、氧化，也没有机会被其他生物吃掉。千万年过去了，原始森林碳化形成了煤，那些树脂也保存在了煤层中，形成了今天的琥珀，包裹在树脂中的动、植物变成了化石。后来盆地变成了沼泽，继续不断地下降，原始森林也不断地堆积，另外一些松柏科植物分泌的大量的树脂纷纷掉入了沼泽中。大片森林被深埋入地层，树木中的碳质逐渐形成了煤，树脂在煤层中变成了琥珀之后又被覆盖在火山喷发的熔岩之下。

（2）河南西峡琥珀

河南西峡县同样盛产琥珀，1980 年，这里的琥珀被大量发现。形成于距今约 1 亿年前的西峡琥珀主要分布在灰绿色和灰黑色的细砂岩中，占地面积很广。这里的琥珀原呈瘤状、窝状产出，一般每一窝有几千克到几千千克的产量，琥珀个体从几厘米到几十厘米不等。1980 年，西峡县挖出重达 3392 千克的一大窝，高达几十万的价值。另外 1980 年，在西峡县的重阳乡也挖出重达 5.8 千克的罕见的大琥珀，上面有昆虫纹理，是紫红色的，比较通透，很光亮，呈方形或菱形结晶块，有比较浓的松香味，非常具有药用价值。西峡的琥珀主要是黄色、褐黄和黑色，半透明到透明，大多数琥珀中含有砂岩及方解石和石英包体。西峡县的琥珀属于层状琥珀，大部分是裂纹发育。这里的琥珀，即使块度很大，挖掘出来后，一旦接触阳光和空气，也会裂开，变成许多个小块，因此，以前这里的琥珀，大部分都做了药材。1953 年后开始择优挑选裂纹小的琥珀用于工艺品制作。西峡琥珀项链因为品质优良而受到国内外关注，现在每年仍有上千千克的产量。

图 | 天然琥珀年年有鱼挂件

图 | 琥珀摆件

著名的国石

国石一般是指特别受一个国家的人们青睐，或是该国出产的有特色的，或是该国在加工等方面具有特色的，具有上乘的品质和重要价值的一种宝石或玉石。

琥珀——德国、罗马尼亚的国石。琥珀以黄色者居多，是松柏科植物树脂石化形成的，内部常常会包裹着植物、羽毛甚至昆虫等多种物质。珍贵的琥珀整体通透、昆虫保存完好无缺。世界上产琥珀的国家众多，但罗马尼亚人把琥珀奉为国石，对它最钟情。

钻石——英国、南非、荷兰的国石。钻石一般无色，但璀璨夺目，高贵奢华，是最坚硬的宝石，它象征纯洁、坚贞、永恒，具有绅士风度的英国人视它为宝石之王。最为罕见和珍贵的钻石就收藏在英国。英国国王的王冠和权杖上镶有世界上的名钻。

水晶——日本、瑞士、瑞典、乌拉圭的国石。水晶晶莹透明，五彩缤纷，是一种中档宝石。乌拉圭产有最绚丽迷人的彩色水晶，乌拉圭把水晶作为国石，不足为奇。

欧泊——澳大利亚、匈牙利、捷克的国石。欧泊就是蛋白石，坚硬无比。欧泊是一种独特的宝石，它的美丽炫彩独一无二，在阳光的照耀下能发出五彩缤纷、绚丽夺目的光芒，这是它和其他宝石的不一样之处。欧泊产于澳大利亚，这里有不同种类的欧泊。澳大利亚妇女常常佩戴欧泊制成的首饰，显得风情万种。欧泊在世界其他地区只有很少的产量，因此是当之无愧的澳大利亚国石。

蓝宝石——美国、希腊的国石。蓝宝石的矿物名称是刚玉，硬度仅次于钻石，不是所有的蓝色的宝石都是蓝宝石。蓝宝石高贵优雅，人们认为它能很好地保护君王，认为蓝宝石象征忠诚和坚贞。

红宝石——缅甸的国石。红宝石也属于刚玉，之所以呈现出红颜色，是因为矿物中含有铬。它的颜色艳丽夺目，让人倍感温暖。红宝石很多都来自缅甸，缅甸每年都汇聚大批参观者和珠宝商。缅甸首都仰光著名大金塔的塔顶，镶嵌着 93 颗巨大的、璀璨耀眼的红宝石。

橄榄石——埃及的国石。埃及盛产橄榄石，橄榄石一般为黄绿色，具有玻璃光泽、异常闪耀。

珍珠——印度、菲律宾、法国等国的国石。珍珠是贝类分泌的物质，是其将体内异物层层包裹，逐渐形成的。珍珠的圆润度越高、个体越大，珍珠也就越名贵。珍珠光泽柔和，色彩瑰丽，自古以来为人们所珍爱。

祖母绿——哥伦比亚、秘鲁、西班牙的国石。祖母绿主要产在南美洲的哥伦比亚，储量占全世界的 95%，全球最大的祖母绿矿床就在哥伦比亚。祖母绿的独特魅力，被誉为绿宝石之王，是公认的名贵宝石。

孔雀石——智利国石。孔雀石的名字来源于其颜色神似孔雀羽毛，鲜艳夺目、纹理美丽，是一种含铜的碳酸盐矿物。孔雀石的产地比较丰富。著名产地有赞比亚、澳大利亚、津巴布韦、智利、美国等。

绿松石——土耳其国石。绿松石因形似松球，颜色近松绿而得名。具有独特的天蓝色。绿松石的主要产地是伊朗、美国、埃及、俄罗斯、中国等国，土耳其并不盛产绿松石。

翡翠——新西兰国石。翡翠颜色鲜艳悦目、象征万物的生机与活力，特别为东方人所青睐。翡翠是一种高档玉石，祖母绿色翡翠

更是翡翠中的精品，价值不菲。

象牙——扎伊尔国石。主要产于非洲，是一种有机宝石，材质质地细密、坚硬，温润光洁，是昂贵的饰品原料。为了维护生态平衡、保护动物，许多国家禁止出口和贩卖象牙。

青金石——阿富汗、玻利维亚国石。阿富汗盛产青金石，而且质量优良，东方各国人们都非常喜欢它鲜艳的深蓝色。在古埃及，青金石的价格堪比黄金。

猫眼石（金绿猫眼宝石）——斯里兰卡、葡萄牙的国石。猫眼石又称东方猫眼，是一种稀有而名贵的宝石。它呈褐黄色和黄绿色，在光线下，猫眼忽张忽闭，非常奇特。斯里兰卡产的猫眼石质量最佳，猫眼石深受斯里兰卡人喜爱。

珊瑚——意大利、阿尔及利亚、摩洛哥的国石，珊瑚是二级保护生物，珊瑚的骨骼制作的工艺品为各地人们所喜爱。珊瑚多产于暖海地区，世界红珊瑚的重要产地是中国的台湾地区及意大利、阿尔及利亚等。

黑曜岩——墨西哥的国石。黑曜石属于火成岩的一种，产自中美和北美地区。它神秘、美丽，且历史悠久，有很多关于它的动人的传说，令人神往。

图 | 琥珀雄鸡生肖吊坠

琥珀的种类

对于琥珀的分类，目前我国珠宝行业尚且没有一个统一、明确的国家标准。在琥珀行业里，人们习惯根据琥珀的颜色、特征和珠宝业的习惯等划分琥珀，大体归类为：明珀、血珀、虫珀、金珀、香珀、蓝珀、绿珀、花珀、蜜蜡、灵珀等主要种类。

下面介绍一下主要的琥珀。

明珀

中国现存最早的鉴定文物的专著《格古要论》的作者明朝的曹昭记载“出南番西番乃枫木之精液多年化为琥珀，其色黄而明莹润泽，其性若松香，色红而黄者谓之明珀”，以此来描述明珀。

因此现代有些专家给明珀的定义是色黄或红黄色，玲珑剔透，性若松香。其实这种定义也不是很准确。明珀就是整体比较清澈透明，颜色比较淡的琥珀，又名水珀或柠檬珀，其淡雅润泽、晶莹可人。

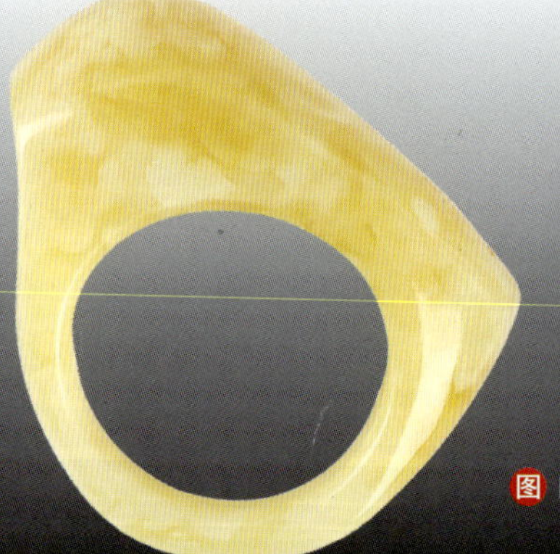

图丨琥珀男士戒指

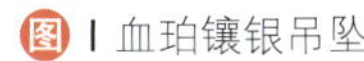

图 | 血珀镶银吊坠

图 | 血珀葫芦吊坠

血珀

血珀就是指具有像血一样红颜色的琥珀，也称红珀或红琥珀、是琥珀中的珍品。血珀历史悠久，之所以形成血色或棕色，是由于琥珀形成过程中，有铁、朱砂或锰等侵入其中。血珀中的上品，应是纯净无杂质的，颜色鲜红如血，整体通透的，樱桃红色的亦是珍品。血珀在医学发面和收藏方面，具有很高的价值。血珀制成的饰品，整体清澈透明，血丝清晰者，极其别致，惹人爱怜，是血珀之极品。实际上，透明度高的血珀并不多见，而且一般个体较小，大部分的血珀都含有杂质，因此好的血珀价格很高。

血珀并不坚硬，碰撞易损伤，应小心佩戴。为避免划伤，也不应与钻石等坚硬的首饰放在一起，要单独存放。血珀首饰不可长时间置于暖炉边或是受到阳光暴晒，长时间处于干燥的空气中，或是温差波动较大，血珀容易产生裂纹。尽量不要让血珀接触一些有机溶液，如汽油、酒精、煤油和杀虫剂等。喷香水或涂指甲油时，最好取下血珀首饰。清洗琥珀时也不要用毛刷、牙刷等硬物刷洗琥珀，以免使其表面毛糙。血珀最好的保养方法是长期佩戴，因为血珀会越戴越光亮。

虫珀

虫珀，顾名思义就是指包裹着动物或植物的琥珀，当然包含的遗体是越稀少的琥珀越珍贵，例如爬行动物，每一块“蜥蜴虫珀”被发现，都会在整个琥珀界掀起波澜。其他包含蚊子、苍蝇、蜜蜂等小动物遗体的琥珀也是很珍贵的。小昆虫包裹在树脂里，落入了树脂的魔掌。接着，小昆虫拼命挣扎，想要逃生，无奈树脂太黏，这时又一滴树脂流了下来，疲惫的小虫完全被包裹在树脂中。岁月流逝，由于地质作用，森林和树脂都被深埋在地下，经过了千万年，就变成了今天的虫珀。琥珀中的小昆虫被完整地保存了下来，岩石之中的生物化石远没有琥珀中的生物体这样完好。

图丨虫珀

图丨虫珀蝎子吊坠

图 | 虫珀

树脂与水无法相溶，可是令人称奇的是，琥珀中还有微小的水生的动物，这是为什么呢？专家认为，数百万年前，有一些靠近池塘的松柏科树木上留下了许多树脂，这其中不少树脂就近掉在了池塘之中，由于树脂无法与水相溶，便漂浮在水面上。许多微小的水生动物在池塘中栖息生存着，有一种快速在水中游动的生物叫水蝽，当它们快速穿过水面时，接触到落在水面上的树脂的可能性就比较大，一旦接触，就会被树脂粘住，水蝽不断挣扎，反而会被树脂紧紧地包裹起来，最终水蝽就慢慢死在了树脂里，经过环境变化，逐渐形成了现在的含有水蝽的琥珀。

虫珀是古老的又饶有趣味的琥珀品种，是琥珀中的罕见品种，所以极其名贵。它在收藏方面和科研方面，价值巨大，有助于人们研究史前地球的环境。虫珀让时间静止，瞬间成为了永恒，它是巧夺天工的一代尤物，即使岁月流逝，依然不减迷人魅力。

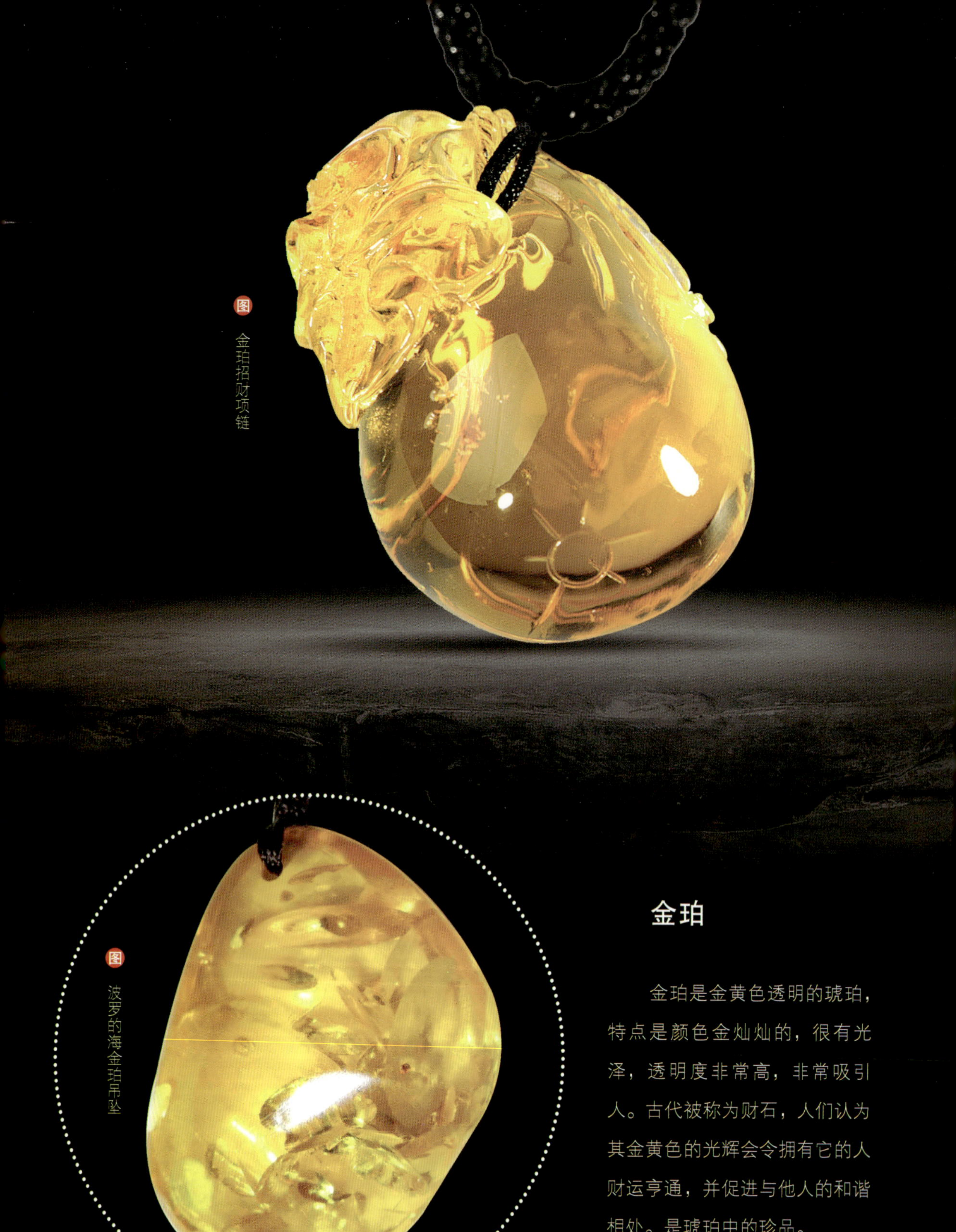

图 金珀招财项链

图 波罗的海金珀吊坠

金珀

金珀是金黄色透明的琥珀，特点是颜色金灿灿的，很有光泽，透明度非常高，非常吸引人。古代被称为财石，人们认为其金黄色的光辉会令拥有它的人财运亨通，并促进与他人的和谐相处。是琥珀中的珍品。

香珀

香珀指的是具有自然香味的琥珀，通常是不透明的，其香味是因为琥珀中含有芳香族物质。如果用力摩擦香珀，它就会散发出千万年前清香的松脂味，而不像普通的琥珀只有钻孔的时候才有香味。我国经常将其加工成首饰，戴起来能散发出淡淡的清香，令人心旷神怡。香珀奇特优雅，对皮肤也很有好处。但现在市场上销售的所谓的香珀，大多是加了香料制成的，并非天然香珀。

蓝珀

蓝珀产量稀少，极其珍贵，它不同寻常的蓝色幻彩、优雅、奢华，令世人竞相追逐。只有中南美一带的多米尼加共和国和墨西哥产有蓝珀，多米尼加共和国还把蓝珀尊为国宝。蓝珀属于矿珀，开采起来很有难度，质量上乘的大块蓝珀千金难求。

图 | 香珀吊坠

图 | 蓝珀如意吊坠

图 | 蓝珀原石

在普通光线下观察蓝珀，其大部分并不是蓝色的，而是黄棕色、微蓝色或有点紫色，在光线下转动，只有处在一定角度时它才会呈现出蓝色，再稍转动蓝色又会消失。它最蓝的时候，是当主光源位于其后方时。

在紫外线灯光下，蓝珀会呈现出异常美丽的色彩。这是物理学上的荧光反应，是由其矿物内部所含的过渡性元素所致，当蓝珀被紫外线照射时会释放出一种能量较低的可见光。这种光学反应非常奇特，会让人感觉非常奇妙而充满遐想。此外，还有极少的蓝珀本身就呈蓝色。

蓝珀的荧光色彩变幻的成因众说纷纭。有一种观点认为是因火山熔岩流过地表，地层中的琥珀受热，发生了质变导致的。蓝珀来自于 3000 万年前的豆科类植物树脂，蓝珀原本是地层中普通的琥珀，千万年前多米尼加火山爆发，产生了剧烈高温，因而，地层中的琥珀发生了热解，而热解过程中产生了多环芳香分子这种荧光物质，它融入到了琥珀之中，因而形成了这蓝珀的神秘色彩。另一观点认为，多米尼加蓝珀之所以有与众不同的蓝色，是因为形成琥珀的松柏科树脂中含有的碳氢化合物所致。另外，这些含有芳香族的碳氢化合物让多米尼加的蓝珀带有淡淡的芳香。

蓝珀产量极其稀少，仅占琥珀总产量的 0.2％，有时与白色琥珀伴生，非常名贵。

绿珀

绿色透明的琥珀就是绿珀，其形成的原理也是在阳光下产生的一种光学现象，跟蓝珀的形成原理是一样的。当微小的植物残枝碎片或硫化铁矿物混入琥珀中时，琥珀就会带有绿色。绿珀的产量也很低，约占琥珀总量的 2%，再加上颜色美丽，也是琥珀中的珍品。多米尼加的绿珀比较纯正，多为上品。

花珀

对于花珀，过去人们通常把纹理如马尾，多种颜色相间，颜色不均匀的琥珀归为花珀。现如今越来越多的人将内部包含有太阳花或花瓣的琥珀称为花珀。另外还有一种透明琥珀中含有红色的胞体，就如同片片红叶，我们叫它红花珀或红叶珀。

图 | 流光溢彩花珀吊坠

蜜蜡

蜜蜡是大自然精心设计的杰作，深受人们喜爱。它历经了千万年才得以形成，悠悠岁月为它增添了无穷魅力。蜜蜡富于变化，举世无双，世间找不出两件相同的蜜蜡。它质地润泽、色彩缤纷得让人爱不释手、倍感珍惜。蜜蜡不同于一般宝石那样冷冰，缺少人情味，它触手温润、细腻光滑，让人感觉温暖。

以前许多人认为，蜜蜡和琥珀不是一种东西，现如今，我国系统宝石学把蜜蜡划归于琥珀的一个品种。蜜蜡与琥珀分指不同的矿物，蜜蜡形成于 2 千多万年甚至 1 亿年前。蜜蜡为非晶质体，贝层状断口，内部原子结构和外部形状不固定，折射率在 1.54 ~ 1.55 之间。研究得出，蜜蜡的密度为 1.05 ~ 1.10，仅稍稍比水重。蜜蜡通常是半透明至不透明的，颜色丰富多样，主要是黄色系的，一般是金黄色、棕黄色、蛋黄色的。蜜蜡具有蜡质感，具有蜡状光泽—树脂光泽，有的也具有玻璃光泽。有时具有美丽的花纹。

世界上最早发现并记载了蜜蜡的国家，其中就有中国。在古老的中国，很早的时候，皇家贵族们就认为蜜蜡是吉祥富贵之物。人们认为给婴儿佩戴它可辟邪保平安。在我国，有些少数民族的婚礼仪式上新娘都要佩戴蜜蜡，人们认为它能永葆青春，并可以促进夫妻情感和睦。我国古代对蜜蜡亦有过很多不同的名称，例如有虎魄、琥珀、珀、蜜蜡、遗玉、江珠、顿牟、育沛

图 | 鼠来宝明黄蜜蜡挂坠

图丨蜜蜡 108 颗佛珠手串

和红松香等，当时先民不仅发现蜜蜡，并把它当成装饰物，而且还从生产生活中总结出经验，发现蜜蜡还有医学效用，佩戴可以治疗瘕疾（一种腹中结块的妇科病）。此后岁月流逝，蜜蜡在中国人民心中一直都有很重要的地位，南朝潘妃有一件值百七十万钱的蜜蜡臂钏，唐代名医孙思邈救活了已入棺的难产暴死妇，而他用的就是蜜蜡，这件事成为一段千古杏林佳话。

蜜蜡在中医方面发挥了很大作用，佩戴蜜蜡可以缓解风湿骨痛、胃痛、鼻敏感、皮肤敏感等疾病，《本草纲目》、《新中药大辞典》、《本草求真》等医学著作中都有记述。佩戴后身体会慢慢吸收蜜蜡的精华，经血液运行到全身。不同地区、不同品种、不同颜色的蜜蜡，疗效亦不同。

不仅中国人民喜爱蜜蜡，欧洲历代皇族也都使用蜜蜡首饰，宗教信徒还把蜜蜡奉为圣物，欧洲流传着“千年琥珀，万年蜜蜡”的说法。本世纪全球还掀起了一股蜜蜡收藏热潮，蜜蜡价格不断增长。质地温润、色彩斑斓的蜜蜡，并不逊于翡翠和钻石，它带有灵性的美丽，是其他珠宝不能相比的，它高贵的气质令人万般怜爱。

图 | 天然珍珠蜜项链

图 | 金绞蜜如意福瓜挂件

蜜蜡里面有两个特别的品种，和一般蜜蜡有些区别，这里简要说明一下：

1. 珍珠蜜

在金珀、火珀或明珀中，有呈团状的蜜蜡，就像有一粒珍珠包裹其中，珍珠样内含物悬浮在透明的琥珀之中，奇特而华贵，也被叫作鸡蛋蜜。

2. 金绞蜜

金绞蜜比较稀有，这种蜜蜡非常奇特，十分吸引人目光。金绞蜜是一种黄色的具绞缠状花纹的琥珀，是透明的金珀和半透明的蜜蜡相互绞缠在一起形成的，内含物犹如金丝般闪耀。

金绞蜜蜡又叫金丝种老蜜蜡，每款金绞蜜的交融状态都与众不同，各自绽放的独特的魅力。

灵珀

关于灵珀的定义，人们有不同的看法，一种观点认为黄色透明的琥珀是灵珀，是琥珀中的珍贵品种；另一种观点认为灵珀是包含着小昆虫或植物遗体的琥珀，因为国外对包裹着各种动植物、羽毛等物质的琥珀没有特别称呼，灵代表着，含有生命的意思，因此将此类琥珀叫灵珀。

图 | 天然灵珀

图 | 红玛瑙笑佛吊坠

图 一 虫珀吊坠

水珀

水珀又名水胆琥珀，是指内含水滴的琥珀，呈浅黄色，一般清澈透明，水珀非常美丽，且并不多见，具有很高的收藏价值。

药珀

药珀又名灵草珀，有很高的医疗效用，自古以来，就被视为灵药，具有草药香味。药珀开始表面有一层磨砂的感觉，暗淡无光，但是它会越戴越亮，时间越长，光泽度越好。人们视药珀为吉祥之物，许多博物馆都有收藏。

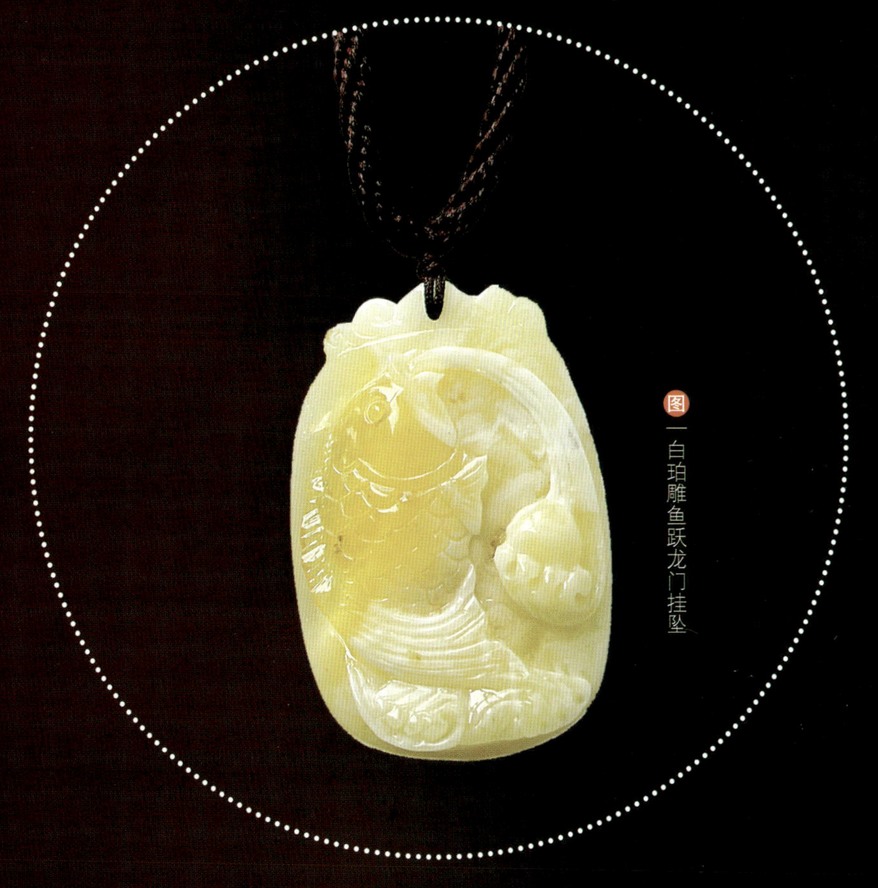

图一 白珀雕鱼跃龙门挂坠

石珀

石珀是指石化程度较高，硬度较大的琥珀，多在石头的缝中。石珀形态独特，色泽自然，表面存在树脂流动的痕迹，一般用来做摆件。摆放在床头有促进夫妻情感融洽、和谐的功效，石珀可促进人更好地与他人相处，经常把玩可吸收身体的有害物质。

白琥珀

白琥珀也被人们称为“皇家琥珀”或者“骨珀”，一般不透明，具有天然多变的纹路，比较独特。其产量稀少，约占总量的 1％ ~2％，价格还是比较贵的。白琥珀可以和诸如黄色、黑色、蓝色、绿色等多种颜色伴生，形成以白色为主的美丽图案。白琥珀每立方毫米可含有 100 万个气泡，气泡含量非常巨大，由于对光的散射，从而使琥珀变成白色。

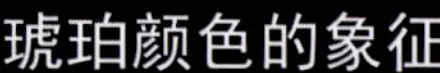

琥珀颜色的象征

红色表示热情、活力和希望

黄色表示温和、光明和温暖

绿色表示青春、朝气和和平

蓝色表示宁静、秀丽和清新

紫色表示高贵、典雅和华丽

白色表示纯洁、神圣和清爽

金色表示光荣、华贵和辉煌

橙色表示喜悦、兴奋和华美

青色表示希望、坚强和庄重

黑色表示神秘、庄重和悲哀

图 | 白纹蜜蜡圆珠手串

琥珀饰品欣赏

琥珀饰品分类

琥珀首饰

从古至今，不管是皇室贵族还是普通百姓，都对琥珀情有独钟，其常被用来当作首饰。琥珀五彩缤纷的颜色，晶莹润泽的质感，为其带来了无穷的魅力，使它吸引着人们的目光，享尽盛誉。如今的珠宝首饰令人眼花缭乱，琥珀首饰是非常特别的，素有“北方之金”之称。近年来琥珀饰品越来越受欢迎。它既可古典华贵，又可时尚前卫，尽显简约流畅、富贵典雅之风。每一件琥珀饰品都是独一无二、富有生机的，其紧跟时代潮流，可在任何场所佩戴。西方人认为琥珀是智慧的象征，它千娇百媚的姿态和充满神秘色彩的特性令女性无法割舍，男人更是倾倒在它的丰富内涵与迷人魅力之下。琥珀饰品逐渐引领着时尚潮流。

图 | 银镶琥珀戒指

琥珀戒指

戒指是一种重要的饰品，它在人们心中占有比其他首饰更重要的地位。主要是因为一方面戒指戴起来十分方便，总是处在人们的视线中，另一方面是戒指比其他饰品更能展现个性。

琥珀戒指一般有两种类型，一种是一块完整的琥珀加工成的指环式的戒指，另一种多是在金银上面镶嵌琥珀制成的。琥珀镶嵌式戒指有多种多样的款式，令人爱不释手，男女老少都可以佩戴琥珀戒。镶嵌式琥珀戒有单颗珠镶、包边镶、爪镶。

另外关于佩戴戒指方面，在不同的地方，戴戒指的寓意也是不一样的。并不是所有国家的婚戒都是戴在无名指上的。有不少欧洲人都把结婚戒指戴在左手中指上，比如意大利、法国等国家。因为他们认为，人只有左手中指的血是通向心脏的，被叫作心指，结婚戒指只有戴在这个手指上才能感情和睦、爱情长久。而波兰人则把婚戒戴在左手的小指上，因为这才是他们的心指。

图 | 琥珀戒指——梦之吻

图 | 蜜蜡圆珠耳坠

如今琥珀戒指可谓琳琅满目，下面简单介绍几个琥珀戒指的款式：

（1）简洁型：简洁型琥珀戒的戒面一般可以是椭圆形、方形、马眼形、三角形、不规则形、球形等各种几何形状。这些戒面常见的是黄金、白银等金属爪镶或是用金属包边镶。这种款式简单大方，其流畅、简约的风格，很受现在年轻人喜欢，表现了他们不受传统束缚，勇于追求的思想。

图 | 琥珀戒指——星星闪耀

（2）自然型：自然型一般是琥珀与其他彩色宝玉石相搭配，用金银镶嵌，组合成花、草等大自然中植物、动物的造型。璀璨的宝石与晶莹的琥珀相得益彰，闪耀夺目，使得整个戒指璀璨华丽。

（3）中国民族型：中国民族型戒指造型独特，有着强烈的中国风，体现了我们中华民族的元素。例如有小葫芦、佛头、貔貅、十二生肖等刻成的戒面，一般用金银等金属材料进行镶嵌。这样的戒指与中国的玉文化非常契合，不同戒面有不同的寓意、象征，可根据需求选购所爱。戒指的戒托除了可用金银等贵金属外，如今也有不少用中国绳结编制的，简约、雅致而且价格便宜，非常适合追求时尚的年轻人。

图 | 925 纯银镶花珀戒指

琥珀手镯（手串）

手镯或手串可以改变服装的样式效果，佩戴时要注重和服装的搭配。

琥珀手镯有各种不同的种类，有圆形手镯，也有椭圆形的贵妃手镯，宽条、窄条的应有尽有。琥珀是最轻的宝石，所以宽条手镯戴上也不感觉沉重，比较舒服，又很漂亮，很受现代人欢迎。

琥珀手串是由圆形、椭圆形、不规则形等形状的珠粒串成的，也有多排串珠编制在一起组成一只手串，还有的是用琥珀片串成的手排。可以用线串起来，也可用金银等贵金属。也有的是在用编织的中国绳结上，带有一件琥珀雕成的各种造型的小物件。

图 | 金珀佛珠手串

图 | 琥珀手串

图 | 琥珀招财貔貅项链

琥珀项链

项链有单套的，也有双套的，其中单套项链又有长项链和短项链之分。就珠子方面来看，琥珀项链有圆珠串珠或随意形珠子串成的项链，有一串项是单一颜色的，也有多种颜色珠子间隔串成的项链。珠子的大小有完全一致的，也有渐变式的，还有串珠大小分段编制在一起的项链，用金、银间隔串几颗琥珀珠的项链也很常见。琥珀项链款式琳琅满目，琥珀珠有椭圆形、圆形、柱形等多种形状，适应多种性格、年龄段消费者的需求，引领着珠宝首饰潮流。近些年来长项链比较流行，因为长项链能很好地和时装搭配，能起到画龙点睛的作用。也有用其他宝玉石与琥珀搭配镶嵌在一起而成的项链，这种项链璀璨夺目，也很吸引人。

把一条长的琥珀项链和一条短的项链用一个特殊的链扣固定在一起就形成了双套琥珀项链。通常说来，双套项链是比较贵的，佩戴起来也是尽显高贵奢华。

多串琥珀编制在一起的琥珀链，珠粒一般不大，可以有各种形状，项链形状有的编制为平行带状、有的是多条链扭在一起。有的项链还在中间编一个花结，佩戴时能根据需求调整长短。

今天，欧洲皇室贵族、社会名媛或者是影星艺人等都经常佩戴琥珀饰品。美国历史博物馆中至今还收藏着美国第一夫人玛丽·华盛顿曾佩戴过的一串琥珀项链。

图丨天然黄琥珀项链

图丨琥珀多宝项链

图 | 琥珀雪花型复古耳钉

琥珀耳饰

琥珀耳饰主要有耳环、耳坠、耳钉。不同形状、不同长度、不同款式的耳饰有不同的修饰效果，可以很好地点缀女性，使其楚楚动人，令女性拥有吸引人的无穷魅力。从古至今，耳饰一直都在女性身上发挥着巨大作用。琥珀的耳饰的结构主要有螺丝形、插针形、搭拍形和弹簧形。耳饰的造型更是丰富多样，有方形、长条形、圆形、圆环形、不规则的几何形、花朵等动植物造型。尤其是耳坠的造型更是丰富多彩，可长可短。

有一些女性不想打耳洞，但是也想通过耳饰来装点自己。耳饰里的弹簧型、螺丝型、搭拍形不需要打耳洞就可以佩戴，可以满足她们的需求。佩戴适合自己的耳饰，能很好地吸引他人目光。

图 | 天然血珀耳坠

图 | 琥珀耳环

琥珀首饰的佩戴

佩戴珠宝可以彰显自己的品味和生活品质，但是珠宝也不是随便佩戴的，珠宝要注意和不同的发型和服装的搭配，这恐怕早已是女性的必修课了。而男性饰品就不同于女性的了，一般只有某些类型的珠宝是适合男性的。要想发挥饰品的装饰作用，我们必须了解一些饰品佩戴知识。

图 | 血珀项链

图 | 金珀玫瑰花吊坠

（1）琥珀首饰与年龄。年龄稍长些的人可以选择一些质量上乘、做工考究、看起来华美大方的琥珀饰品，这样的饰品比较符合年长人的气质，可长期佩戴，比如蜜蜡项链或是一些款式豪华、比较规矩的戒指都是理想的选择。而一些款式新颖、色彩张扬、具有个性的琥珀饰品，则就很适合年轻人了，这样的饰品一般也不会太贵，可以随时更换新的款式以赶时髦。如年轻人选择琥珀饰品多是一些夸张的或制成很可爱的小动物图案的耳坠或吊坠等饰品，不同颜色搭配在一起的或多串串在一起的手链、脚链和毛衣链等都很被年轻人偏爱。

图 | 蜜蜡耳环

（2）琥珀首饰与性格。琥珀饰品的选购跟人的性格也有紧密关联，不同性格的人，会选择不同款式的饰品。比如性格内向、喜欢宁静的人选择的大多是一些色彩淡雅、造型比较规矩一些的首饰，而且他们通常不会总是更换佩戴的饰品。而性格外向的人则会选择造型很独特、夸张的琥珀饰品，一般颜色是很五彩缤纷的，而且这些人可能会随潮流经常更换佩戴的饰品。因此性格开朗的人，应该要选择一些比较独特、新颖的琥珀饰品，这样才能彰显出人的个性。

琥珀首饰选购

琥珀，晶莹剔透、颜色鲜艳、质地润泽，是迄今为止被发现的质量最轻盈的宝石，戴起来很舒适，深受世人的青睐。现今市面上的琥珀首饰种类繁多，我们有必要了解如何选购琥珀首饰。

（1）琥珀品质。所有的琥珀首饰都是由琥珀原料制成的，因此作为琥珀首饰的基础的琥珀本身的品质非常重要，原料若质量不佳，整个首饰也不可能很好。品质好的琥珀一般都颜色纯正、自然、绚丽，质地温润有光泽，琥珀整体清澈通透，少裂纹，内部不含或含有少量杂质等。

（2）制作工艺。精致美观的琥珀首饰背后都有着考究的制作工艺作支撑，因此制作工艺就显得较为重要。精良的制作工艺要求首饰完整美观，清晰自然，层次分明，等等。

图丨血珀金珀密蜡手链

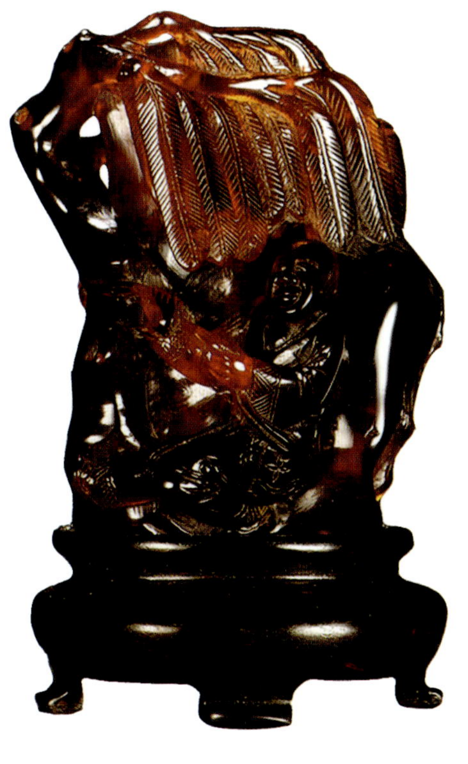

图 | 清 琥珀童子牧牛摆件

图 | 清 琥珀摆件——太白斗酒

琥珀摆件

琥珀摆件一般是放在桌子上或玻璃的陈列橱里供人观赏、装点居室的饰品。居室或厅堂内的一件意境深远、工艺精湛、品质优良的琥珀工艺品，会使居室熠熠生辉。琥珀摆件一般原料块大、质量上乘，其价值就比较高。应根据琥珀的大小、形状、颜色来构思设计琥珀摆件的题材和造型。琥珀摆件题材丰富，主要有人物、动物、寿星、佛、观音、琥珀球等，也有屏风、桌椅、书架等表面的百宝嵌。琥珀摆件都是艺术家花费大量心血构思、精雕细刻而成的，每种形象都是惟妙惟肖。

琥珀摆件的选购

琥珀摆件的价格一般比较高，主要根据摆件意境、制作精良与否等方面来选购。一般是摆件越大价值越高。另外大师级的艺术家的作品升值空间更大。

图丨金珀招财钱袋吊坠

琥珀饰品的保养

琥珀饰品具有非凡的吸引力，让众人爱慕不已，那么琥珀首饰如何保养呢？这必然是购买了琥珀的朋友关心的问题，下面我们来介绍一下保养琥珀应注意的问题。

（1）最好不要让琥珀接触具有挥发性、腐蚀性的物质，因此要避免接触强酸、强碱，下厨做饭或平时工作要接触这些物质的有关的工作者工作时不宜佩戴。

（2）高温不利于琥珀保养，因此不要长时间把琥珀置于暖炉边或是令其被暴晒，且避免温差剧烈地拨动，过于干燥的环境容易使琥珀产生裂纹。

（3）尽量避免琥珀饰品与有机溶液接触，如汽油、酒精、煤油和含有酒精的香水、发胶、指甲油、杀虫剂等，喷发胶、香水时最好将琥珀首饰取下来。

（4）琥珀质地较软，要单独存放，不要与其他坚硬首饰放在一起，以免被磨损、划伤，最好是放在柔软的盒内。不要用毛刷或牙刷等硬物刷洗琥珀，这些硬物与会使其表面毛糙，产生细痕。

（5）当琥珀沾上汗水或油污后，可放入加有中性清洁剂的温水中浸泡，用手轻搓，再用柔软的布（比如眼镜布、丝绸、纯棉布）擦拭干净，最后把琥珀表面滴上少量的茶油或是橄榄油轻拭，之后把多余的油渍擦掉，即可恢复原有光泽。

（6）琥珀不适宜使用超声波首饰清洁机清洗，这种方式有可能会将琥珀洗碎。

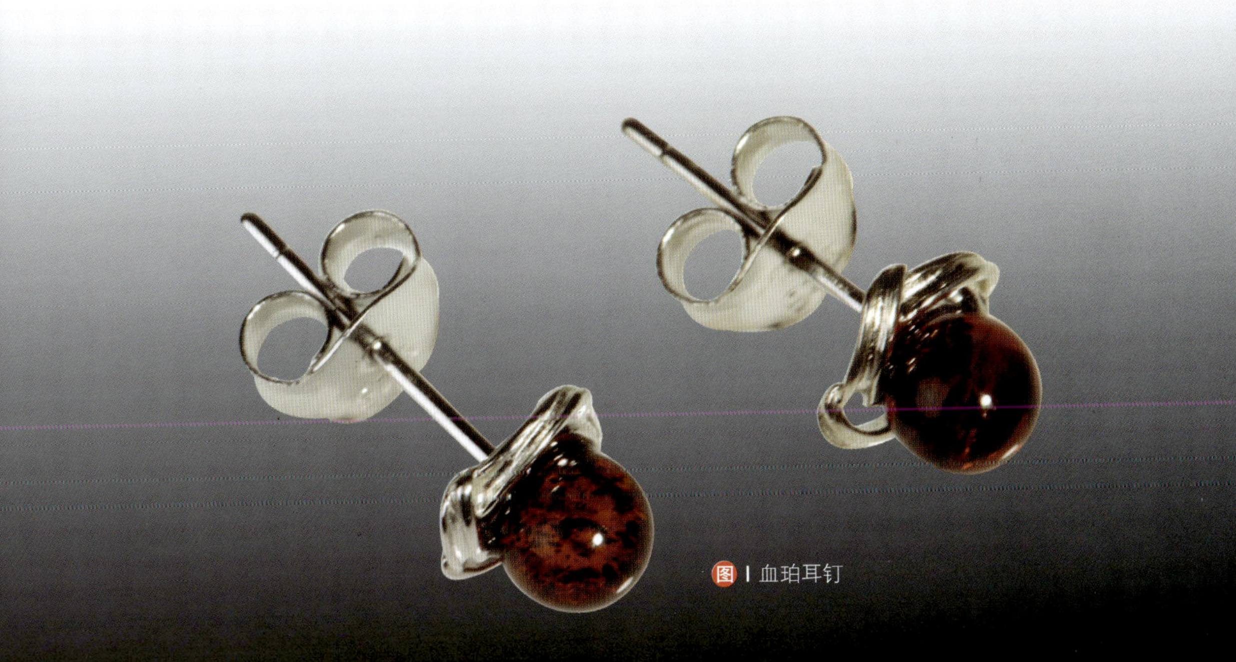

图 | 血珀耳钉

图 | 金珀戒指——别致风景

图 | 花珀手链

（7）琥珀吸水性强，不要长时间把琥珀浸泡在水中。如果天气热，总是出汗，佩戴后应用柔软的布抹干汗水。

（8）若是琥珀有碎裂，修补时应使用无色的封埋胶或是特别的珠宝胶，不要使用 502 胶水。

（9）如果是在没有抛光剂的情况下，可以使用融有蜡油的棉布沾上不含增白成分的牙粉上光，要趁混合物热的时候来回摩擦。

（10）要保养琥珀最好就是长期佩戴，人体油脂可以使琥珀越戴越光亮。

琥珀的功效与作用

科学价值

诗人曾赞颂琥珀是时光的固化，瞬间的永恒。包裹动植物的琥珀在研究地质年龄、史前古生物学、远古生态环境方面有着极其重要的价值。在距今约3亿多年的泥盆纪中期发现了最早的昆虫化石，但无论是在泥盆纪还是在古生代和中生代的陆相沉积中，所发现的昆虫化石都受到了沉积物的巨大压力和地球内部的高温影响，因此它们的化石都变成了昆虫的几丁质外壳。这些生物化石被挤损严重，往往只剩下一层薄薄的膜痕，但琥珀中那些昆虫和植物却保存得相当完好。琥珀中的昆虫把数百万年前的生物用立体的形态展示在我们面前，通过对其进行研究可以了解远古昆虫群落的面貌，古昆虫群落的生活习性与不同的物种，亿万年来昆虫的演变，以及它们当时的生存环境，还能知道其中哪些物种延续进化到现在，哪些物种早已灭绝等，琥珀就仿佛古代生物的一座水晶棺。

图丨鹅黄色蜜蜡圆珠手串

众所周知，DNA 的发现与研究解开了生命遗传的秘密。在温带地区，古生物样本中的 DNA 只能保存几千年，在寒冷地区至多能保存 10 万年。而琥珀使昆虫样本存在于一个封闭疏水的环境中，这种环境使 DNA 的降解速度大大减缓。同时，这种封闭环境使昆虫保存了水分，同时又避免了外界污染它们，因此科学家们成功地提取了 1.25 亿年前生存的鞘翅目昆虫象鼻虫虫体的 DNA，这是在黎巴嫩发现的一块琥珀中进行的。

图 | 混串琥珀手链

图 | 琥珀鼻烟壶

琥珀的功效

琥珀吸收了日月精华和天地之气，因此，琥珀对人体可以起到一定的调理作用。琥珀除了被加工成饰品或被收藏观赏之外，在医药方面也有一定的价值

佛家最崇尚的七宝之首就是琥珀，佛家认为琥珀有与生俱来的灵气，是健康、理智与长寿的象征，可供佛、禅修、摄六尘、净六根。佛家历来避免杀生，注意保护世间万物，坚持素食。而琥珀由多种天然植物分泌而成，他们以世间万物之中生物链中最底层的植物的精华琥珀为贵。佛教信徒认为琥珀具有祥和之气，认为琥珀是自然万物中的洁净之物，是非常适合敬佛修身的。所以出家人经常使用琥珀制作的佛珠。在古老的西方，琥珀还曾作为除魔驱邪的道具。琥珀具有强大的辟邪化煞能量，佩戴琥珀饰物能消除强大的负面能量，保平安，是经常外出的人们保平安的最佳饰物。

图 | 蜜蜡耳环

从历史上看，著名的古希腊“医药之父”希波克拉底（公元前 460 ~ 前 377 年）的著作记载了琥珀的药用价值，这是最早地记载关于琥珀医药作用的著作。书中记载，紧贴脖子戴上一串用细皮带或是绳子穿起的琥珀珠链，可以有效缓解严重头疼、咽喉炎和脖子疼等疾病带来的痛苦。风湿病和关节炎病人可佩戴琥珀手链，对病情有益处，还可以减轻疲劳。用大块的琥珀块在身体上进行按摩可以得到类似的治疗效果。

图 | 清 琥珀鼻烟壶

琥珀还有防腐的神奇效果，琥珀被作为防腐剂使用发现于古埃及法老王的木乃伊中。还有个关于琥珀的故事发生在在三国时期，孙和是东吴孙权的儿子，他有一天不小心用刀把心爱的邓夫人的脸划破了一个大伤口，医生当时为给其治疗，用琥珀粉末、朱砂及白獭的脊髓等中药配成了外敷药。后来等到邓夫人面部的伤口痊愈了，不但没有留下一点疤痕，而且皮肤变得比以前还光滑细嫩、楚楚动人。就这样，琥珀又被古代妇女用来保持肌肤嫩滑、减缓肌肤衰老。

中医理论里琥珀被认为能安神定气，所以也会被用来做成香或香环来使用。琥珀磨成粉末还能用来止鼻血，治疗挫伤或烫伤，但据说琥珀对于预防喉咙方面以及其他呼吸器官的疾病是最有效的，所以常制成吊坠佩戴在在喉咙附近。另外，血珀被认为能对应海底轮，有利于性器官功能及生殖能力增强，对男女都有好处。这是因为琥珀在形成的过程中，被人们认为其被大地之母赋予了安定的力量，因此能调和男女，促进阴阳平衡，还能让人们思维敏捷、灵感涌现。

图 | 琥珀手串

图 | 天然蜜蜡如意吊坠

琥珀的真假鉴定

琥珀的鉴定方法

随着琥珀艺术品市场的不断升温，市场上充斥着大量假货，鉴别琥珀真伪就显得尤为重要。业内人士根据自身经验，总结了一些鉴别方法，下面我们来介绍一下：

图 | 蜜蜡 108 颗佛珠手串

1. 观察法

琥珀质地温润，整体通透，从不同的方向观察琥珀，效果不一样。琥珀不像水晶、钻石那样透明得毫无遮拦，仿制琥珀不是很透明或是不透明，没有真琥珀的质感，看起来不自然。再造琥珀内部的气泡通常会被压扁而成长条形，天然琥珀内部的气泡是圆形的。假琥珀内部人工制作的琥珀花很刺眼，感觉死气沉沉的，看起来很假。以假乱真并不现实，长时间接触琥珀的人，凭直觉就能辨别其真伪，模仿再像的假琥珀也是能被辨别出来的。

2. 热试验检测法

琥珀表面被打火机直接烧烫之后，局部颜色会变黑，并产生松香气味；或者将一根细针烧红，在不影响琥珀外观之处刺入，并马上趁热拉出，真正的琥珀会冒黑烟并产生一股松香气味。而塑料仿制品会冒白烟并产生塑胶辛辣味。在拉出针时，塑料仿品会粘住针尖，有丝迁出，琥珀不会有此现象。

图 | 多彩水滴琥珀手链

图 | 血珀手链

图丨带皮蜜蜡雕吉祥寿桃项链

3. 盐水测试法

饱和盐水测试法又名比重测试法，是最常见的鉴别方法。天然琥珀密度较小，为 1.05 ~ 1.10 克 / 立方厘米，其密度低于塑料和玻璃，因此鉴别琥珀和塑料、玻璃仿品可以用 1 ∶ 4 的生理盐水。在这种溶液中，浮起来的是琥珀、轻质塑料和树脂，而普通的塑料、玻璃、有机玻璃和电木会下沉。但这种方法有一定的局限性，比较适用于部分裸珀，那些重量级不够、内含大量杂质的琥珀也会下沉；同时，有些人造琥珀也不能被有效地鉴别出来。因此，不能完全相信这一种鉴别法，我们在鉴定琥珀的时要特别注意。

图丨天然蜜蜡手链

4. 硬度测试法

在 20 ~ 30° 角状态下用针轻轻斜刺琥珀背面不起眼的位置时，会有十分细小的粉渣并感到有轻微的爆裂感。如果是硬度不同的塑料或其他物质的仿品，要么是扎不动，要么是感觉黏黏的，有的还可以扎进去。

5. 折射率测试法

琥珀是一种非晶质物质，所以是各向同性的，折射率通常是 1.54。而一般塑料等仿制品的折射率在 1.50~1.66 之间，与琥珀折射率接近的物质很少见。

6. 声音测试法

可以把无镶嵌的琥珀链或珠子放在手中轻轻揉动，天然琥珀会发出略带沉闷的很柔和的声音；而塑料或树脂会发出比较清脆的声音。

7. 香味测试法

普通的琥珀在摩擦时只有一点很淡的味道，有的什么味道也没有；只有香珀这种特殊的琥珀在摩擦会产生芳香的味道。一般琥珀只有燃烧时才会产生松香味。

图 | 925 纯银镶彩色琥珀手链

图 | 花珀渐变双色平安锁

图 | 琥珀年年有余吊坠

8. 紫外线照射法

黑暗中，在用紫外线照射时，琥珀和树脂制品表面会出现灰白色的碳质特征；如果用验钞机照射琥珀，上会呈现接近灰炭状的白色荧光，也有的会呈淡绿、绿色、蓝色、红色等颜色；在紫外线光下，变色最明显的是金珀，血珀和蜜蜡变色不太明显。

塑料仿品在紫外线下不会变色，因此，用此种办法可以将琥珀、树脂类产品与塑料等仿品区别出来。

9. 乙醚试验法

将一滴乙醚滴在不影响琥珀外观的不起眼的位置，等几分钟，或用手搓，琥珀不会有什么变化，而柯巴树脂则会变黏、被腐蚀。由于乙醚挥发得特别快，有时必须用一大滴乙醚，或不断地补充。乙醚完全挥发后，琥珀上不会留下任何痕迹，而柯巴树脂表面会留下一个斑点。再造琥珀从外观看很接近天然琥珀，不好辨认，但是如果滴上乙醚，几分钟后就会感觉发黏，像是被溶解了。

图 | 琥珀戒指——时来运转

图 如意四季豆金珀项链

琥珀的优化处理

在市场上，中低档琥珀的需求量是相当大的，尤其是一些流行饰品更是广受欢迎。但是天然琥珀质量特别好的很少，面对日益攀升的需求量，人们开始对琥珀进行优化处理，以提高琥珀的质量和利用价值。市场需求使琥珀处理技术不断发展、进步，而市场上也多了优化处理的琥珀。目前琥珀的优化处理主要有热处理琥珀、压清处理琥珀、染色处理琥珀、烤色处理琥珀、再造琥珀和覆膜处理琥珀等。

热处理

琥珀热处理的主要目的是为了让琥珀变得更通透，使琥珀内的瑕疵得到隐藏，琥珀的颜色得到优化，变成人们喜爱的颜色。为了达到以上视觉效果，可以把一些云雾状的琥珀放入适当温度的植物油中进行加热，加热后，琥珀就会变得更加透明。在加热过程中，温度升高会改变琥珀内部的天然气泡，使它们膨胀或爆裂，这样可以形成“太阳花”，即形成不同形状的内部花纹。我们平时看到的“太阳花”或“睡莲叶”就是在热处理过程中产生的叶状裂纹，不过这些裂纹不但不会影响琥珀的质量，在阳光的照射下，琥珀反而变得璀璨绚丽，变得更夺人眼球。这种热处理与在自然环境中发生的情况相似，这是一个加速其内部净化的过程，因热处理不会影响琥珀本身的物质成分，因此，我国珠宝行业的国家标准规定经过热处理的琥珀属于优化，可以作为天然宝石出售，无需作任何说明。

图 聚财葫芦琥珀项链

图 | 琥珀手串

压清处理

有些琥珀材料不透明，这就需要对琥珀进行压清处理，就是对的琥珀材料进行加压、加温处理，使其内部气泡溢出，这就可以使琥珀变得晶莹通透。

染色处理

仿制老化琥珀时会用到染色处理。有染成绿色或其他名贵的琥珀的颜色的，天然的没有经过染色处理的琥珀比染色琥珀的价格要贵一些。

烤色处理

为改善琥珀颜色，对琥珀表面颜色进行一系列的优化处理的一项工艺技术就是琥珀烤色处理。这项技术经常用在血珀的身上，原因是天然血珀的颜色普遍不够美观，达不到人们的需求，而血珀经过烤色优化后，一般呈现诱人的深红色，温润光洁，引人注目。目前，世界上人们都在使用这种技术，国际上已经认可了这种对琥珀表面颜色的优化处理技术，它极大地改善了血珀的外观，提高了血珀的利用价值。

再造琥珀

有一些天然的琥珀因块度很小而不能加工成产品，把这些小块琥珀舍弃掉，又很可惜，因此，人们就在一定的压力和温度下把这些小块琥珀烧结而形成较大块的琥珀，这就是再造琥珀，亦称熔化琥珀、压制琥珀或模压琥珀。要先将琥珀提纯以保证琥珀的透明度和纯度，在压制过程中还可添加其他如香精、燃料及黏结剂等有机物。目前，人们采用高压炉进行优化，这种处理方法带来了很多好处，例如两块天然琥珀在结合时，可以使它们之间完全不留痕迹。经这种方法烧结而成的琥珀块完全看不出有什么痕迹。

图丨琥珀薄片手链

珊瑚

千年灵物

珊瑚概况

珊瑚的定义

珊瑚虫分泌的石灰质骨骼就是珊瑚。珊瑚向上或四周生长，珊瑚虫多群居，结合成一个群体，形状像树枝。古代把珊瑚列为七珍八宝之一。珊瑚中最名贵的品种是红珊瑚，红珊瑚的化学成分主要是$CaCO_3$，红珊瑚整体形态很像树枝，上面分布着纵条纹，每个单体珊瑚横断面都有同心圆状和放射状条纹。红珊瑚中红色、粉红色、橙红色的是珍贵品种，这样的品种就是用来制成首饰或者具有收藏价值的珊瑚。

图 | 红珊瑚项链

图 | 红珊瑚雕亭台桥形摆件

珊瑚虫属于腔肠动物门，是海洋低等无脊椎动物。珊瑚虫对周围的生长环境非常挑剔，它们生活在浅海或深海，喜欢在暖海地区，要求有低光照，生长水温在 8 ~ 20℃之间，还要是平静而清澈的水域。珊瑚生长得极其缓慢，红珊瑚大约需要 1000 年的时间才能长到 1 米高，因此很难得。

图 | 纯天然红珊瑚 108 颗珠串

图丨撒丁岛珊瑚佛像吊坠

珊瑚是生物成因的宝石，又被称为千年灵物，是珠宝玉石中唯一有生命的宝石。西方人把珊瑚、珍珠和琥珀并称为“三大有机宝石”，从古至今都深受人们喜爱。现在，我国珠宝玉石首饰行业按国家标准把自然界的珠宝玉石分为天然玉石、天然宝石和天然有机宝石三大类。天然宝石是自然界产出的矿物单晶或双晶体，通常稀有耐久，因外观美丽可被加工成装饰品，如钻石、红宝石。天然玉石是指自然界产出的矿物集合体，如翡翠、和田玉，同样耐久、稀少并具有工艺价值。天然有机宝石是指由自然界生物生成的用于制作装饰品的材料，它们部分或全部由有机物质组成，如珊瑚、象牙、琥珀、珍珠、煤精、玳瑁、贝壳等。

珊瑚的特征

珊瑚来自大海深处，随意取出一束都婀娜多姿，令人们感到新奇，并对它充满遐想。珊瑚形似树枝，一般不透明或微透明，质地细腻，玻璃光泽至蜡状光泽；颜色丰富，比较有名的是红色、深红色、橙色，还有白色、奶油色、浅粉色、金色和黑色，还有稀少的蓝色和紫色，分别叫白珊瑚、红珊瑚、金珊瑚、黑珊瑚、蓝珊瑚，其中以红色最为名贵，红珊瑚颜色鲜艳，古代也叫“火树”。

根据组成成分，可以把珊瑚分为钙质型珊瑚、角质型珊瑚和石灰岩质珊瑚。钙质型珊瑚主要包括红珊瑚、白珊瑚，由碳酸钙、有机成分、水等组成；黑珊瑚和金珊瑚就属于角质珊瑚，它们很少含或不含碳酸钙，几乎全部由有机质组成；石灰岩质珊瑚主要由碳酸盐类组成。钙质珊瑚和石灰岩质珊瑚的折射率都是 1.486 ~ 1.658，相对密度也相同，通常为 2.65；角质型珊瑚的折射率是 1.56，密度是 1.30 ~ 1.50 克 / 立方厘米。纵切钙质型珊瑚，在截面上有平行波状条纹，颜色和透明度稍有变化，一些小的虫穴还经常存在于

图 | 红珊瑚雕招财貔貅佛珠手链

珊瑚的肢体上，这也是珊瑚相对于其他宝石的特别之处；横截黑珊瑚和金珊瑚，其面上是与树木年轮相似的同心环状结构，纵面表层具有独特的小丘疹状外观，金珊瑚还具有独特的丝绢光泽。石灰岩质珊瑚石性大，声音很脆，具有玻璃光泽，外观呆板不温润。在珊瑚首饰或收藏中价格昂贵的是红色、粉红色、橙红色的珊瑚，黑珊瑚和金珊瑚次之，其他品种的珊瑚的价值就较低了。珊瑚呈红色是由于珊瑚在生长过程中吸收了海水中1％左右的氧化铁，而珊瑚因含有有机质而形成黑色。珊瑚质地脆，易断裂，遇盐酸强烈反应起泡，无荧光。

红珊瑚群体一般呈扇形树枝状，不是特别高大，一般高30～40厘米，基部直径3～5厘米，质量大多在300～1000克之间。宝石级珊瑚中产量最多的就是桃红色、粉红色珊瑚，它们多生长在中深海区，一般比较高大，群体高度达0.5～1米，基部直径5～15厘米，质量可超过40千克。

图 | 民国 红珊瑚自然形摆件

珊瑚的文化

珊瑚被认识和利用得非常早。有说法称公元前5世纪时，印度人就发现了珊瑚，另外还有传说是在约2000年前，意大利人率先发现了珊瑚，因为意大利有个最古老的已有2000年开采史的珊瑚渔场，直到今天用珊瑚做护身符保佑一生平安的做法在意大利还很流行。在古代，与珊瑚有关的迷信传说非常多。

图 | 珊瑚项链

图 | 粉红玫瑰珊瑚吊坠

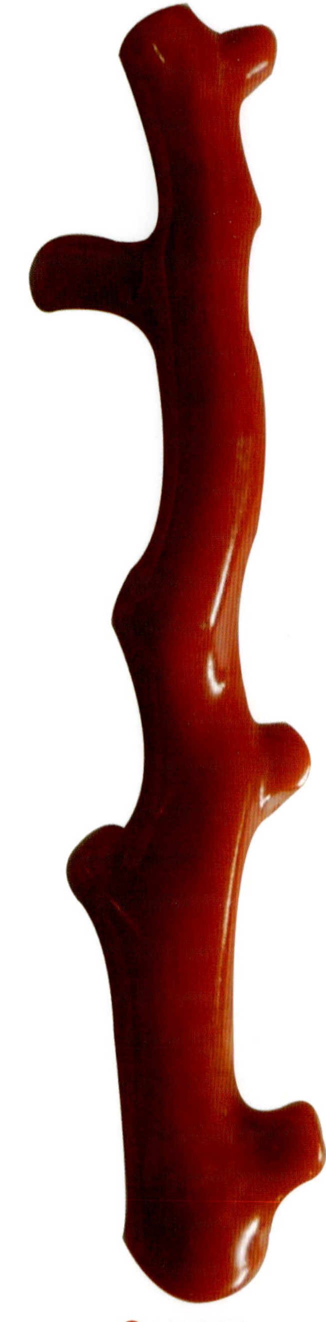
图 | 红珊瑚枝

古波斯人也把珊瑚看成吉祥之物，认为它可以辟邪，因此父母经常把珊瑚枝挂在小孩脖子上，用来辟邪挡煞，保佑他们健康成长。还有人相信如果佩戴者的健康情况发生了变化，红珊瑚的颜色也会随之改变。约翰·威蒂克是一位德国医生，据说他记载过，一名患者戴着一条珊瑚项链，后来患者病情越来越严重，珊瑚就从白色渐渐变成了暗淡的黄色，到最后患者临终时，珊瑚上已经出现了黑色的斑点。

而在中国，珊瑚同我们的传统文化更是有着密切的联系。在我国古代，有很多关于珊瑚的美好传说，其中“石崇斗富”的故事讲的是魏晋南北朝时期有两个富家大户比赛谁更富有，二人皆拿出许多珍宝，一时难分上下，最后石崇因拿出了珍奇高大的红珊瑚树而赢得了这场比赛。

珊瑚是珠宝中有生命的千年灵物。它千娇百媚、色彩艳丽、玲珑剔透、温润可人，被认为是大海的精灵。印第安人认为珊瑚是大地之母；日本视红珊瑚为国粹；古罗马人认为珊瑚具有给智慧、避祸防灾、止血驱热的功能，是极受珍爱的宝石品种。而在中国，人们把红珊瑚文化推向了巅峰。我们知道，自然界的不同颜色对人类的一些活动有着不同的影响，于是人们赋予不同颜色的宝石以不同的寓意，寄托人们的美好愿望。红色被中国人认为是吉祥的颜色，在我国古代，红珊瑚又称“瑞宝”，被视为能带来福气的吉祥物。

可见，无论是国外，还是国内，无论是皇家贵族，还是普通百姓，他们都为红珊瑚的傲人风姿所痴迷，这一切都是红珊瑚文化传承的丰厚的人文基础。

珊瑚的形成

珊瑚虫分泌的钙质壳体堆砌后形成珊瑚。珊瑚虫是海洋中的一种腔肠动物，珊瑚虫的种类数不胜数，在世界范围内，沿海领域约有 25000 种珊瑚。它们就像海水过滤器，有 8 个或 8 个以上触手，用来不停地“吞食”海水中的各种微生物及浮游动植物，使海水过滤洁净，使赤潮的可能性大大降低，同时珊瑚在生长过程中不断吸收海水中的钙和二氧化碳，然后分泌出石灰质物质，变为自己生存的外壳。这数量繁多的珊瑚大多属于造礁珊瑚，达不到宝石级别。根据生长环境的不同可以把珊瑚分为浅海珊瑚和深海珊瑚。

图 | 清 珊瑚十八子手串

1. 浅海珊瑚

浅海珊瑚一般是造礁珊瑚，分布范围广泛，太平洋、印度洋、大西洋的浅海水域中都分布有很多珊瑚礁石构成的小岛。浅海造礁珊瑚密度和硬度都很小，质地疏松，因此，不能用作雕刻艺术品的原料，无法加工成美丽的饰品，只能将整体造型保存完好的浅海珊瑚作为奇石以供观赏。但是浅海珊瑚礁有很多其他方面的作用，它们能大大地缓解台风、风暴潮等天灾对海岸生态的破坏，保护海岸；珊瑚礁还常可以贮存油气资源，目前已发现和开采了十多个礁型大油田；还有丰富的矿产资源蕴藏在珊瑚礁中，有煤炭、铝土矿、锰矿、磷矿、铜、铅、锌等多种金属层控矿床在礁体粗碎屑中被发现；珊瑚灰岩可作为烧制石灰、水泥的良好原料；通过潮汐通道与外海沟通的环礁泻湖，可作为船舶的天然避风港。出于保护生态环境的目的，世界环保组织通过决议，禁止采伐浅海珊瑚礁石。

2. 深海珊瑚

在 100~4000 米深的海中生长的珊瑚是深海珊瑚，它们生命力顽强，缓慢地生长在大海深处。深海珊瑚是在深海中完成其形成过程的。深海珊瑚质地致密，硬度较大，适合作为各种雕刻艺术品和珠宝首饰的原料。而红珊瑚在深海珊瑚中最为珍贵，所以红珊瑚就相当于贵珊瑚的代名词。

图 | 珊瑚雄鹰展翅摆件

图一 珊瑚挂件

珊瑚生长在海中，外形呈树枝状和花朵状，致使有很长一段时间，人们一直错误地把珊瑚当成是海里的一种植物。直到 20 世纪初研究人员才发现珊瑚是一种腔肠动物，而不是植物。珊瑚在生长过程中是向四周发展的，以便能更多地捕捉食物、吸收阳光，因而在空间里形成似树枝状的生物群体。任意开采一束珊瑚都是婀娜多姿、千娇百媚的，是浑然天成的艺术品。珊瑚虫的身体由两个胚层（细胞层），即外胚层和内胚层组成，内外两胚层之间有很薄的、没有细胞结构的中胶层。珊瑚部分头和躯干不具备神经中枢，只有弥散神经系统。当受到外界刺激时，整个动物体都有反应。每一个珊瑚虫的个体只有米粒那么大，生长得极其缓慢，它们生命顽强，平均寿命（红珊瑚属）为 75 年。通过无性繁殖珊瑚虫一群一群地聚居生存，一代代地生长繁衍，同时不断分泌出钙质骨骼，形成树枝状的群体。珊瑚对生长条件的要求极为苛刻，一般是在南北纬 30° 之间的热带温暖浅海或深海海域，水温一般要求是 23~30℃；要在海水清澈、氧气充足、食物丰富、汗水含盐量较高、岩礁或硬质海底、低光照、比较安静的水域生长。

结婚纪念石

人们把结婚的周年纪念对应了不同的珠宝，珊瑚也是含义深刻的结婚纪念石之一：结婚十五周年纪念称为水晶婚，结婚二十五周年纪念称为银婚，结婚三十周年纪念称为珍珠婚，结婚三十五周年纪念称为珊瑚婚，结婚四十年周年纪念称为红宝石婚，结婚四十五周年纪念称为蓝宝石婚，结婚五十周年纪念称为金婚，结婚五十五周年纪念称为祖母绿婚，结婚六十周年或七十周年纪念称为钻石婚。

图 一枝形红珊瑚18K金项链

珊瑚的产地

珊瑚种类极多，人们主要选用红色、桃红色的珊瑚来做珠宝，以黑色、金色、蓝色和白色的珊瑚为辅。以前日本的“公牛血红珊瑚”被认为是世界上最有价值的宝石珊瑚。热带、亚热带海区的岩岸和沙岸是珊瑚的主要产地，范围广泛，主要分布在三个区域。一是太平洋海域，主要分布在日本和我国台湾、澎湖列岛及南沙群岛，这个地区白珊瑚的出产量很大，主要分布在我国南海海域西沙群岛及台湾海域，多生长在水深约 200 ~ 300 米的地方。中国台湾是红珊瑚的重要产地，产量超过世界红珊瑚出产总量的半数，红珊瑚生长在水深 100 ~ 300 米的海床上。二是大西洋海域，地中海沿岸的国家是主要出产地。三是夏威夷西北部中途岛附近海域，此地以产红色和粉红色的珊瑚为主。

上述三个主要的珊瑚出产地都有共同的特点，就是火山活动频繁，其中当然也包括附近海底的火山活动。每一次海底火山活动都将大量的地下物质喷发到地上或海底，大量的铁、锰、镁等元素存在于这些物质中，这就为海水中红珊瑚的形成创造了条件。这些火山物提供了珊瑚所需要的“营养”。珊瑚虫骨骼在形成的过程中，吸收了大量的铁、锰、镁等红色元素，岁月流逝，在大自然的手里就形成了我们见到的异常漂亮的红珊瑚。

图丨凤凰珊瑚雕件

中国红珊瑚

我国台湾被誉为“珊瑚王国”，台湾海域的珊瑚总储量非常丰富，是世界上有名的红珊瑚出产地之一，也是世界红珊瑚的主要产地，我国台湾海域出产的红珊瑚一般不大，但也有超过10厘米的；也出产手臂粗的珊瑚，但产量非常稀少。此地的珊瑚光滑细腻、洁净无瑕，深红及桃红色的珊瑚更是极受消费者青睐。而制成的珊瑚饰品，有广大消费者很容易接受的几百元的珊瑚手链，也有数百万元的巨型珊瑚摆件，价格不等。台湾红珊瑚生长在深海中，不易开采、生长缓慢，质量上乘的珊瑚自然价值不菲。澎湖的珊瑚质

图丨珊瑚香炉

地致密，光洁润泽，颜色缤纷。这里最有名的珊瑚是桃色的，散发着迷人的魅力，这种珊瑚颜色娇嫩却不妖娆，温润可人，在自然光下，色泽高雅不凡，是收藏佳品。1980 年在宜艺县龟山岛附近撒网捕捞的来自中国台湾澎湖望安乡的渔民陈复，竟捞获了一株桃红色巨型珊瑚，重达 155 千克，据估计这株珊瑚已在海底生长了 2 万年了。同年，在中途岛海域，一艘中国台湾渔船又捞获了一株桃红色大珊瑚，其净重 100 千克，高 1.5 米，主干粗 12 厘米。据说这株珊瑚成交价高达 600 万新台币（约合 150 万元人民币）。这两株珊瑚体型如此巨大，堪称为珊瑚王。

图 | 清 银鎏金累丝镶红珊瑚首饰

图 | 红珊瑚 18K 金项链

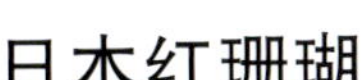

日本红珊瑚

日本主要是四国岛南侧、小笠原诸岛、九州岛西侧等海域出产红珊瑚。日本红珊瑚的群体为扇形的树枝状，表面有很多白色的水螅体，这就是珊瑚虫。珊瑚虫分为生殖体和营养体两种，生殖体有发达的食道管沟，是负责生殖的；营养体是半球形的，有 8 条羽状触手分布在上面，口就在触手上，顺着口直下就是胃腔，营养体有摄食、消化及排泄的功能。其骨骼（骨轴）的主要成分为含高镁的碳酸钙，质地致密，色彩娇艳，坚硬度较高，可用来雕刻工艺品。日本珊瑚群体一般高与宽各约 30 厘米，轴基部直径 3 厘米，重 2.6 千克以上。

图 | 红珊瑚玫瑰佳人吊坠

图 | 珊瑚金刚杵

夏威夷西北部中途岛附近海区珊瑚

图 | 红珊瑚带钻 18k 金戒指

该地区主要产红珊瑚、粉珊瑚、金珊瑚和黑珊瑚，其中黑珊瑚产量最大。1958 年毛伊岛潜水者公司在毛伊岛的拉海纳首次发现黑珊瑚；1987 年夏威夷州正式把黑珊瑚作为州石。现如今，夏威夷黑珊瑚是世界上最好的深海珊瑚，这些黑珊瑚都来自深海，是人们一点点收集起来的，得之不易。珊瑚群至少要 50 年才能长成熟，为了防止未来夏威夷黑珊瑚资源陷入枯竭的境地，联邦政府和州政府严格规定，禁止采集没有成熟的珊瑚礁，这样黑珊瑚的持续生长就能得到保证。1966 年在欧胡岛的

图 | 红珊瑚随形项链

玛卡普吾角 1200 米的深海里粉珊瑚被首次发现，同年就把它制成了珠宝。目前粉珊瑚分布在从欧胡岛到中途岛、从东到西的整个夏威夷海岸线。粉珊瑚质地非常致密，因此非常坚硬，颜色也极其丰富，从近乎白色到玫瑰红和橙红全部都有，包括所有的粉色系列。粉珊瑚的价值根据数量多寡而不同，但总体上来说是比较贵的。1971 年，少量的夏威夷金珊瑚被理查德博士在发现粉珊瑚的同等深度发现。2000 年又发现了另外两处金珊瑚群。夏威夷金珊瑚生长极其缓慢，州政府和联邦政府都严格限制金珊瑚的采集数量，每年只能采集大约 1/3 的珊瑚床，因此世界上最稀有的珊瑚就是金珊瑚。夏威夷金珊瑚变化万千，金色闪耀，非常美丽。

大西洋海区的珊瑚

大西洋海域主要是地中海沿岸国家出产珊瑚，如意大利、阿尔及利亚、突尼斯、西班牙、法国等国家是世界上著名的红珊瑚的产地。其中大西洋地中海海域也出产黑色和蓝色珊瑚，如喀麦隆沿海，地中海和大西洋深海海底是世界闻名的红珊瑚产地。世界上质量最佳的红珊瑚产在阿尔及利亚、突尼斯及西班牙沿海，红珊瑚最著名的加工地在意大利的那不勒斯。

图 | 红珊瑚玫瑰花耳钉

图 | 红珊瑚随形胸针

图丨红珊瑚硕果累累吊坠

珊瑚的种类

从生物学的角度来说，珊瑚种类繁多，约有25000多种，这里不一一说明，从宝石学的角度来了解珊瑚，我们把珊瑚分为造礁珊瑚和宝石珊瑚。造礁珊瑚分布在浅海，可用于观赏。其质地疏松易损，生长较快，分布广，有很多种类，但它们不能作为宝石，在这里不作研究。宝石级的珊瑚生长在深海，材质致密，较坚硬，适合用于雕刻，做成饰品，但生长速度很慢，种类少，产量稀少。按照颜色，珊瑚可以分为红珊瑚、粉珊瑚、白珊瑚、蓝珊瑚、黑珊瑚、金珊瑚等；根据材质可分为钙质型珊瑚、角质型珊瑚和石灰岩质珊瑚。红珊瑚、白珊瑚和粉珊瑚、海竹珊瑚等为钙质型珊瑚；角质型珊瑚几乎全由有机质组成，黑珊瑚和金珊瑚是常见的品种；海绵蓝珊瑚和海绵红珊瑚等属于石灰岩质珊瑚。

图丨红珊瑚年年有余挂件

红珊瑚

红珊瑚是我们最熟悉的名贵珊瑚，是由低等腔肠动物珊瑚虫分泌出的钙质骨骼堆积而成，方解石是其主要矿物成分。红珊瑚一般生长在深海，采集困难，出产量少，犹如海中灵芝。需生长 10~12 年，红珊瑚虫才能繁殖后代，其生长速度异常缓慢，生长了 7 年以上的群体，其主干还不足 1 厘米粗，因此人们用“千年珊瑚万年红，万年珊瑚赛黄金”来说明红珊瑚的珍贵难得。红珊瑚属于八射珊瑚，其骨骼呈树枝状复体，每个分枝中心都有一根角质的骨骼中轴，软体包围在骨骼外面，许多珊瑚虫围绕着轴生长。红珊瑚虫通过外胚层分泌石灰质物质，进而形成红珊瑚，红珊瑚质地细密，颜色娇艳欲滴，又兼有细密的纹理，在珠宝大家庭中出尽风头。红色很丰富，浅红到暗红或橙红色都有，此外，还有肉红色的。珊瑚体呈腊状至玻璃光泽，不透明至微透明，莫氏硬度为 3~4。其组成成分中含有 90％ ~95％的碳酸钙，3％的碳酸镁，

图 | 18K 金红珊瑚雕刻果篮胸花

图 | 18k 镀金女士红珊瑚手链

1％～4％的有机质，还有微量的铁、铝等成分。红珊瑚主要产于比较温暖、清澈又比较平静的海域，在太平洋海域产得比较多，地理区域大致从爱尔兰南面经比斯开湾，至马德拉群岛、加那利群岛和佛得角群岛，再沿地中海、红海、毛里求斯、马来西亚、澎湖列岛至日本海域。其中阿尔及利亚和突尼斯、西班牙沿海、中国台湾基隆和澎湖列岛、意大利及法国的比斯开湾等地都是高质量的红珊瑚产地；欧洲南部及法国的红珊瑚也较好；西太平洋、中国台湾、日本海域是桃色珊瑚的主要产地。红珊瑚主要用来加工成装饰品，深受世人的喜爱。大者用于雕刻人物、花鸟、观音等摆件；小一点的、质量不错的制成项链、戒指、手串或别针等。目前我国市场上售卖的红珊瑚大多来自日本和中国台湾，数量稀少，价格较高，其中光洁无瑕、色彩娇艳、块度又比较大的非常值得收藏。地中海海域产的红珊瑚一般比较小，超过拇指粗的就比较少见了。在中国古代，红珊瑚是制成皇帝的朝珠的材料；同时也被用在医药方面，能定惊明目。

白珊瑚

白珊瑚颜色有白、灰白、乳白、瓷白之分，最名贵的颜色呈现雪花白光泽，与红珊瑚一样，属于钙质型珊瑚。白珊瑚受海域污染影响，数量不断减少。文石为其主要矿物成分，主要用于盆景工艺或染色原料，故要求其树枝状形态独特、多种多样，颜色最好是纯白的。我国南海海域、西沙群岛、澎湖海域和琉球群岛海区、菲律宾海域等是白珊瑚的主要产地。白珊瑚盛产于100 ~ 200米深的海床上。

图 | 白珊瑚配青金石手串

图 | 白珊瑚手串

白珊瑚可缓解痛经等妇科疾病。据说白珊瑚还有保护骨骼成长的效果，很适合小孩子佩戴；珊瑚一般对皮肤、指甲、头发等的生长都有益处。在感情方面，白珊瑚代表纯洁的爱情，象征此生不渝的决心，可令佩戴者魅力四射，提升人气，有助于敞开心扉，接纳感情。另外，白珊瑚可以使人提高心灵层次，让人思维更加敏锐，对混沌不清的局势有调和的作用。

图 | 白珊瑚超细珠手链

粉红珊瑚

粉红珊瑚与白珊瑚、红珊瑚尽管在颜色上不同，但在生物学分类上属于完全相同的属种，它们同属钙质型珊瑚，也产在相同的地方。在市场上粉珊瑚比较少见，直到近几十年才逐渐多见起来。太平洋西部滨海、日本和我国台湾是粉珊瑚的主要产地，地中海区域也有少量出产。

图 | 粉珊瑚佛珠手链

图 | 粉红珊瑚手链

质地细密、无裂纹、无虫洞、无瑕疵、颜色娇嫩柔和的优质粉红珊瑚和微带紫调享有“天使之肤”盛誉的粉红珊瑚是粉珊瑚中的珍品，价值可以媲美红珊瑚。但目前市场上的大部分粉红珊瑚是劣质珊瑚，经过人工染色的处理，价值很低。粉红珊瑚最重要的特征是具有珊瑚特有的有机构造，并且会和盐酸发生反应。

图 | 粉红珊瑚多圈手链

金珊瑚

金珊瑚是金黄色、黄褐色的珊瑚，是相当罕有的珊瑚品种，金色闪耀，异常精美。金珊瑚有独特的丘疹状外观，有的表面光滑，在强的斜照光下可显示晕彩(或光彩)，表面有鱼子纹和猫眼的效果。分布于西太平洋、夏威夷、加勒比海海域。

金珊瑚又名金海柳，属于佛教七宝之一，因其长得酷似树枝，枝条纤美，质地柔韧，外形类似于陆地上的柳树，故获名“海柳”。虽形似树木，但经海洋科学研究发现海柳实属海洋动物，属于腔肠动物类，系珊瑚科的一种。金珊瑚和琥珀同属于植物性有机矿物，属于角质型的珊瑚，跟一般的红珊瑚(钙质型)稍微不同。金海柳坚硬致密，水浸不腐，火焚难损，富有光泽，它通常生在水深 500 米以下的海底岩石上，体形大者，可高达 3~4 米，采摘极难，故有“千年海底神树”之称。

金海柳浑身是宝，有很多效用。首先，在药用方面，它能起收敛杀菌作用，同时对单纯性甲状腺肿和高血压也有一定效果；其次，金海柳更是上乘佛珠、项链、手镯、烟斗等精美工艺品的原材料，金珊瑚材质特别坚韧，不易磨制雕刻，故制成的工艺品更具艺术和收藏价值。

图 | 金珊瑚佛珠

图 | 天然黑珊瑚项链和耳钉套装

黑珊瑚

黑珊瑚又名王者珊瑚，夏威夷州将它定为州石。黑珊瑚分布于西太平洋、夏威夷、加勒比海海域，阿拉伯贵族均采用黑珊瑚作为念珠。颜色是灰黑、黑色、褐黑色，不透明。黑珊瑚又名海柳，它有吸盘，吸附在海底石头上，很难采集，是海洋中的珍宝。海柳是地道的海洋动物，属于腔肠动物的铁木科，有一种赤柳也是属于海柳，有鲜艳的色彩，初出水面时，赤柳上的叶子璀璨闪耀，具有带弹性的树枝，干后枝干会变得十分坚硬。由于海柳离开水一段时间后，枝干会变为黑铁色，因此又名海铁树。还有个有趣的现象，当乌云密布，雨水将至时，它的颜色就不再鲜艳有光泽，还会有少许黏液分泌，活脱脱就是“晴雨表”。海柳造型奇特、色泽美丽，材质细腻又很坚硬，还具有耐久性，非常适合加工成工艺艺术品。人们精心地将一系列工序实施在海柳身上，各种精致美丽的戒指、手串、佛珠、烟斗、茶杯、摆件等艺术珍品被雕刻出来。还可以根据其材料的特性在上面雕刻出佛像人物、飞禽走兽、花草树木等栩栩如生的图案，更令作品熠熠生辉。

图 | 夏威夷黑珊瑚雕

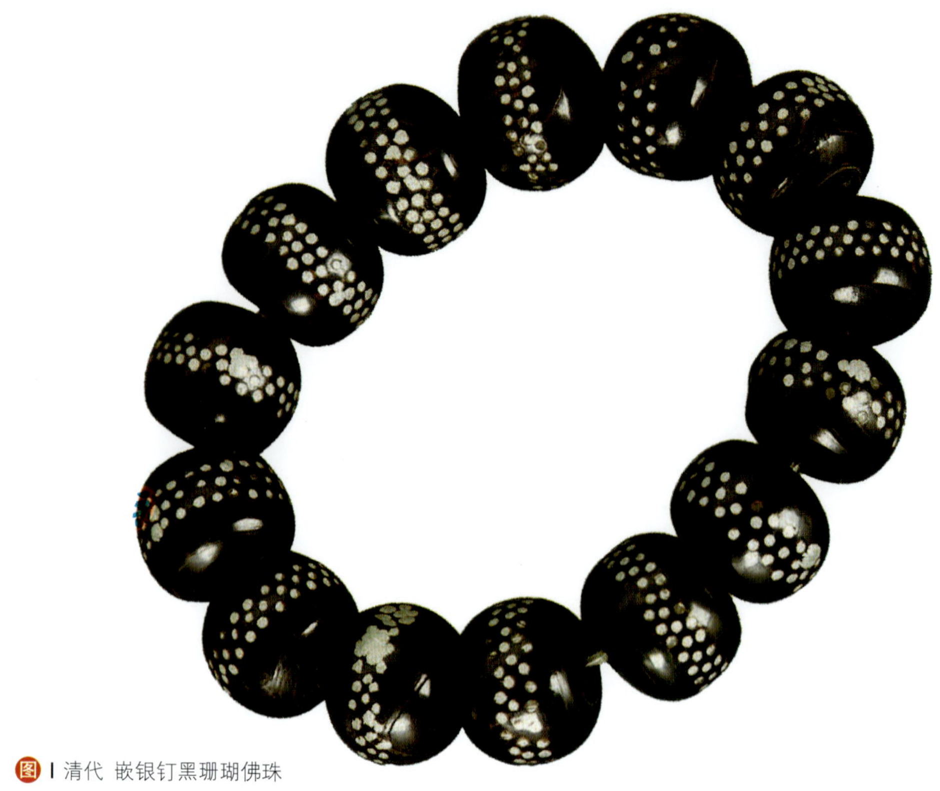

图 | 清代 嵌银钉黑珊瑚佛珠

在古代海柳是皇家贵族珍爱的欣赏把玩之物。1985 年，一座宋代古墓于福建省东山岛被发掘，一些用海柳加工的首饰及日常物件从棺柩里被发现。由于海柳的坚韧持久，这些物件才能完好无缺地保存了下来。在东山岛渔村，人们日常生活中不离手的烟斗一般是用海柳制作的。海柳外观奇特、摸起来舒适，据说海柳烟斗有一种淡淡的清香，抽烟时喉咙凉爽舒服，它还对香烟有过滤之功效，同时能降火，因此在沿海一带海柳烟斗极受烟民推崇。据说烟民如果丢失一个海柳烟斗，就会伤心不已。在医药方面，海柳也发挥着重大的作用，煲鸡头时加入海柳内服可止血；若是腰痛可以喝海柳煮的汤，能得到缓解；海柳能有效地治疗高血压、肠道痉挛等疾病，海柳的药用价值在《本草纲目》、《唐本草》、《本草拾遗》和《海药本草》等药书中均有记载。直到今天，海柳在中医中仍有应用，尤其在福建、广东沿海更是深受人们青睐。

2009年，世界上现存最古老的珊瑚，同时也是迄今为止世界上最古老的海洋生物群落——深海黑珊瑚，被美国科学家在夏威夷的深海中发现了。研究人员利用深海无人潜水器，在该海域采集到了金珊瑚和深海黑珊瑚。美国科学家经过对新采集到的两种夏威夷珊瑚的一系列研究，得出的结果是：金色珊瑚的年龄大约为2742岁，而深海黑珊瑚约4265岁。这样看来，深海黑珊瑚是名副其实的世界上现存最古老的珊瑚。这样大的年岁表明珊瑚骨架的生长速度是极其缓慢的，它们以一年几微米的速度增长。科学家呼吁人们保护这些深海珊瑚，如果这些珊瑚消失了，将会产生很不好的影响。有研究证明，加勒比海的珊瑚鱼群在过去15年里已经损失了一大半，因此保护深海珊瑚应引起我们的重视。

海绵珊瑚

海绵珊瑚又称软柳珊瑚，商家也叫草珊瑚，与红珊瑚是近亲，都属于八射珊瑚，与红珊瑚的身体结构也基本相同，也有角质骨骼。海绵珊瑚颜色丰富，有深红、赭红、桃红、肉红等红色系，另外还有粉红、橘黄、乳黄、乳白等色。

海绵珊瑚表面有不规则的纹路，呈磨砂状，生长在100～1500米深的海床，甚至有的生长在4000米深的地方；在世界范围内广泛分布在热带、亚热带浅海，在日本海域、菲律宾海域、中国南海海域等地有出产。大部分都经过上胶处理，一部分不上胶的海绵珊瑚直接打磨成球，形成磨砂状。

图 | 海柳手串

珊瑚饰品欣赏

珊瑚是海洋送给我们的珍贵礼物，是高贵典雅的珠宝饰物，适合多种场合。目前世界上珊瑚的市场主要在欧洲、美国和日本。日本、意大利与中国是珊瑚的主要买家，佛教与回教也经常用珊瑚来作为饰物。在国际市场上，珊瑚项链、耳坠、佛珠等装饰品都很受欢迎，并且价值不菲。红珊瑚还是时尚界的宠儿，许多在国际上有影响力的珠宝品牌会利用珊瑚设计高档的珠宝首饰，也有珠宝设计师用各种高档珊瑚完成自己的首饰创意，使得珊瑚市场不断升温。意大利的那不勒斯是世界著名的红珊瑚加工中心；亚洲的日本、我国台湾大量出产宝石级珊瑚，也是重要的加工中心，在我国台湾珊瑚的出口中，珊瑚饰品的市场几乎占了70%～80%，可见珊瑚饰品备受国内外消费者的推崇。

图丨天然粉珊瑚佛珠花盘手链

图 | 铂金镶钻珊瑚戒指

珊瑚饰品分类

考古研究发现，在 4000 年前的新石器时期，我国先民已开始将珊瑚制成简单的小饰品了，他们将珊瑚枝打磨、打孔、串连，或同其他美石穿在一起，或单独成件用以美化自己。查阅古书资料，可以发现我国各个朝代都记载了关于珊瑚饰品的文字。唐代才子薛逢还曾写下这样的诗句赞咏珊瑚："坐客争吟去碧诗，美人醉赠珊瑚钗。"以此盛赞唐代仕女们头戴珊瑚发钗国色天香的样子，可见唐代很流行珊瑚饰物。近些年随着人们对珊瑚的进一步认识，珊瑚饰品的种类、款式更加丰富，一些少数民族的特色风格也为珊瑚饰品添加了一些独特的风情。当代一些珠宝设计师更是尝试利用各种风格来展现珊瑚饰品的美丽与充满生机的气质。

图 | 18K 金镶钻红珊瑚戒指

珊瑚戒指

珊瑚戒指是各种宝石饰品中的一朵奇葩，红色的珊瑚娇艳欲滴，粉色的珊瑚更具浪漫情怀。珊瑚戒指一直以来都以它的迷人魅力吸引着众人。珊瑚戒指的镶嵌有单颗珠镶、包边镶、爪镶等多种类型，有多种多样的款式。珊瑚戒指一般适用于女性。目前主要的款式如下：

1. 简洁型

简洁型珊瑚戒指的戒面同其他珠宝戒指大同小异，一般是各种几何形状，如椭圆形、方形、马眼形、不规则形等，然后用贵金属包边镶或用简单的几个爪进行爪镶。这种款式既大方又实用，非常具有现代气息，符合现代人追求简约的审美，能体现现代人不受任何束缚的观念和大胆追求的的想法。

2. 高雅豪华型

高雅豪华型戒指一般以名贵的红珊瑚为主石，用钻石、翡翠等名贵的珠宝玉石搭配在周围，用黄金镶嵌。精致的做工加上鲜红的宝石色泽，让人难以抗拒。高贵的珊瑚、耀眼的钻、温润的翡翠，再加上金灿灿的黄金，使整个戒指高贵典雅、富丽堂皇，令佩戴者瞬间成为主角，散发迷人魅力。

图 | 红珊瑚镶钻戒指

图 | 18K 金粉珊瑚戒指

图 | 大戒面老珊瑚戒指

3. 民族风格型

民族风格型是指根据珊瑚的材料特点，以各种具有中国风的造型为戒面，如花草植物、佛像观音、十二生肖等，用金、银等贵金属材料镶嵌而成的戒指。我们中华民族的元素都能从中体现，这是带有中国的玉文化气息的戒指。

另外佩戴珊瑚戒指时应注意，手指修长的人可以选择方形和橄榄形珊瑚戒，这样更能衬托出手的秀气修长。手指短粗的人应该选重量适宜、大小适中的椭圆形或马眼形戒指，而不适合佩戴过大的和做工繁琐的戒指。购买时应注意戒指圈口的大小，原则是不易脱落，但也不能过窄，否则长期佩戴容易影响血液循环，导致手指发胀，不利于健康。另外，还要从外观、形状、加工质量方面仔细挑选，检查戒面和戒托是否松动，小的配石是否镶嵌牢固，有无瑕疵，金属爪是否钩挂衣物等。

珊瑚手镯（手链）

手链或手镯可以很好地和服装相映成趣。珊瑚手链有圆形、米粒状珠粒，也有 用珊瑚片串成的手排；也有用绳子串或用金、银等贵金属串的手链；也有的直接用一块珊瑚雕刻成珊瑚坠，然后用红绳穿起来；完全由珊瑚加工成的手镯不多见，尤其是红珊瑚手镯多是用小块珊瑚拼接而成。拼接的手镯比整体制作的要便宜，有些用整体珊瑚制作的粉色珊瑚饰品多是用贵金属镶嵌而成的珊瑚小件。

图 | 珊瑚手镯（一对）

图 | 红珊瑚莲花手链

现在很多年轻人也喜欢佩戴脚链，当然珊瑚脚链与手链的做工和款式都一样，但是脚链必须做得长一点。佩戴脚链时要注意脚链是否牢固，以免遗失。

选购手链主要看珠子大小、多少和手腕的搭配情况，再看珠子的孔是否在中间、珠串的绳子或金属链是否牢固。选购手镯最主要的是看内径大小，一般情况下如果手上套用一个塑料袋能够轻松戴上就好，这样不会太紧或太松。胳膊瘦长的女性可戴两个或两个以上手链。此外，穿长袖时佩戴手镯会很漂亮。

图 | 清晚期 红珊瑚编织手镯

图丨18K 金镶钻红珊瑚枝胸针

图丨红珊瑚观音吊坠

珊瑚胸饰

胸饰是佩戴在胸前的饰品，主要有项链、吊坠、胸针等。珊瑚胸饰一般是各种动植物造型，通常和其他宝石搭配在一起镶嵌而成。在植物造型中一般把珊瑚雕刻成花瓣，以绿色玉石作为绿叶，搭配出来，惟妙惟肖；还有的胸饰就直接用珊瑚枝的天然造型来制作；高档豪华的珊瑚坠可以用名贵的珊瑚配上钻石、翡翠等珠宝。

项链坠的造型多种多样，有吉祥如意、人物佛像、花草植物、小动物等。这些珊瑚形象用不同的方式如谐音、比拟、象征等来表示某种祝愿，希望带给人们幸福和吉祥。豪华珊瑚坠一般要和项链配套使用，其他简单的天然造型可以依自己的意愿，搭配起来比较随意。一枚精巧醒目的珊瑚胸针往往起到画龙点睛的作用，它可以给人以美感，并很好地和服装搭配，可以很好地体现女性妩媚的风韵，为女性增添魅力。

珊瑚耳饰

耳饰主要有耳钉、耳环、耳坠。女士通过佩戴大小不一、形状不同、风格多样的耳饰来吸引人们的注意力、修饰脸型、美化自身，为自己增添独特的魅力。从古至今，女性一直钟情于用耳饰来装扮自己，就连我国古代的四大美人也不能免俗。有野史记载，四位美人各自也会有美中不足的地方。西施在中国历史上留下了浓墨重彩的一笔，她不仅容貌出众，而且协助越国完成了“灭吴兴越”的大业。这位如花似玉、能歌善舞、冰雪聪明的大美人，耳朵却特别小，这与她的国色天香的容貌不般配。为了掩盖这个缺陷，西施就戴一副沉甸甸的大耳环，不但拉长了耳朵，而且更衬托得西施楚楚动人。

珊瑚耳饰的种类繁多，造型多样，当然也要根据自己的发型、脸型选购耳环，一款适合自己的耳饰可以对脸部起到很好的修饰效果。脸部较瘦的女性戴耳饰非常漂亮，很适合戴大而圆的耳钉、耳环；丰满型女士就不适合这类耳饰，椭圆形、长方形耳钉适合椭圆形脸的人，长的耳坠可以增加脸部的宽度，也能增加脸部的长度。这就需要试戴，看自己是否适合。

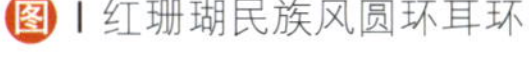
图 | 红珊瑚民族风圆环耳环

图 | 阿卡珊瑚耳环

珊瑚摆件

珊瑚是海底最美丽的动物之一，是大自然带给我们的珍宝，它浑然天成，犹如红衣精灵舞动在海底世界。经过艺术家的雕琢，珊瑚成为一件件令人称奇的艺术珍宝。自古以来人们就把美丽的珊瑚奉为珍宝，珊瑚摆件造型奇特，姿态万千，色彩斑斓，拥有迷人的魅力。一件摆放在居室的用料上乘、意境深远、加工精巧的珊瑚工艺品，象征主人的品位和身份，可令居室绽放光彩。一般珊瑚摆件越大，价值越高。艺术家根据珊瑚的颜色、主干的大小、形状等情况来选择雕刻的题材和造型，展开设计，好的作品有很高的艺术价值和收藏价值。珊瑚摆件主要有盆景、仕女、老人、佛、观音、动物、小孩等造型，还有屏风、桌椅上的百宝嵌等。珊瑚的盆景一般是直接选取树枝状的珊瑚，不会作过多修饰，直接放在木托上构成原生态的盆景；而其他类的摆件都是花费了艺术家许多心血，精雕细刻而成的。珊瑚盆景还有用珊瑚珠制成花朵和其他宝石搭配制成的天然珊瑚花卉植物的造型。珊瑚非常适合时尚家居摆设，热爱生活的人喜欢购买珊瑚摆件为家里增添一份精致与时尚的氛围。珊

图 | 清 珊瑚如意雕件

图 | 清 红珊瑚雕海浪渔女摆件

瑚摆件具有天生的艺术气息，既美观又个性、时尚，也很适合赠送亲友。如今生活水平提高了，人们越来越重视生活中的精神享受。珊瑚摆件不仅可以装饰屋子，供人们观赏，同时可以释放有利于身体健康的游离子钙及其他微量元素，空气中的有害气体、游离灰尘也可以被它吸收，是一举多得的装饰品。

图丨清 珊瑚雕仕女童子摆件

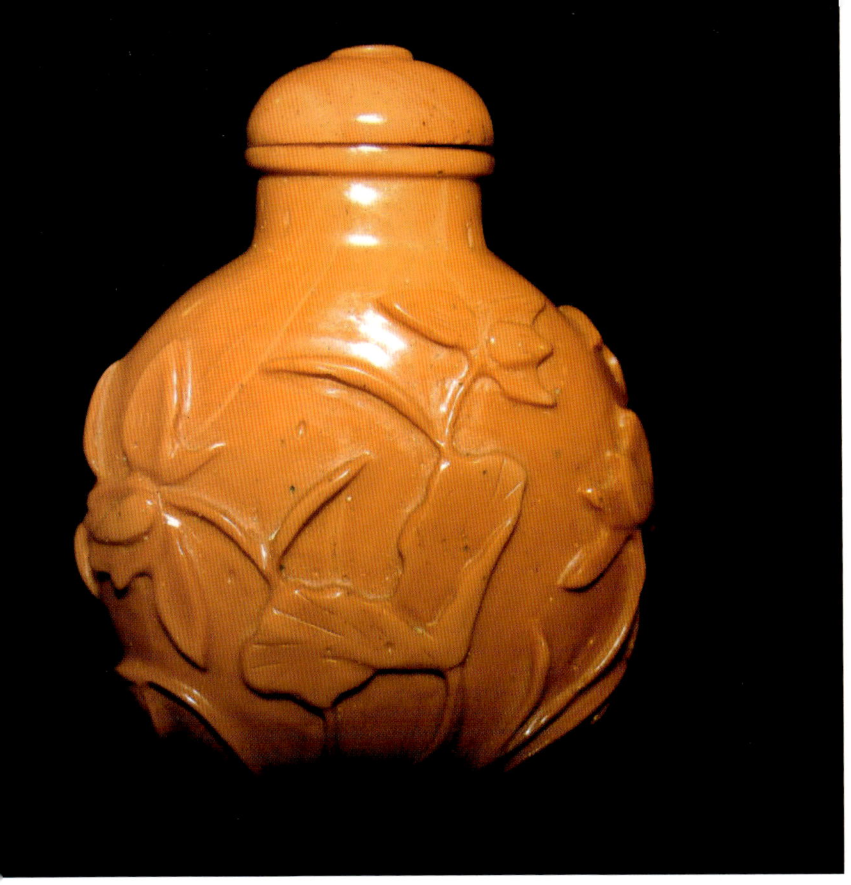

图 | 清 花卉珊瑚鼻烟壶

珊瑚饰品选购

珊瑚象征吉祥、幸福与富贵，富有活力和吸引力，因此在亲朋好友的生日、纪念日时也很适合赠送红珊瑚饰品。此外，在出入一些重要场合时，佩戴红珊瑚珠宝显得既高贵又时尚，镶有红珊瑚的项链、手链、耳饰等，越来越受到人们的欢迎，是优雅时尚女士的首要选择。随着人们生活水平的提高，珊瑚市场越来越好，越来越多的人关注珊瑚这种有机宝石。那么我们如何很好地选购珊瑚饰品呢?

珊瑚饰品常见瑕疵

（1）颜色不够鲜艳、一致。一件珊瑚饰品上常有白色斑点或白心、黑点。

（2）珊瑚的光泽暗淡。评价珊瑚价值时，光泽也是很重要的一方面，只有颜色没有光泽的珊瑚，价值也不高。

（3）珊瑚上有小洞。有时珊瑚上会寄生一些虫子，因此珊瑚枝上常见一些小洞，这会直接影响珊瑚的价值。

（4）珊瑚上有时会有一些裂纹和孔洞，这些瑕疵可能是来自于海水的腐蚀，也会降低珊瑚的价值。

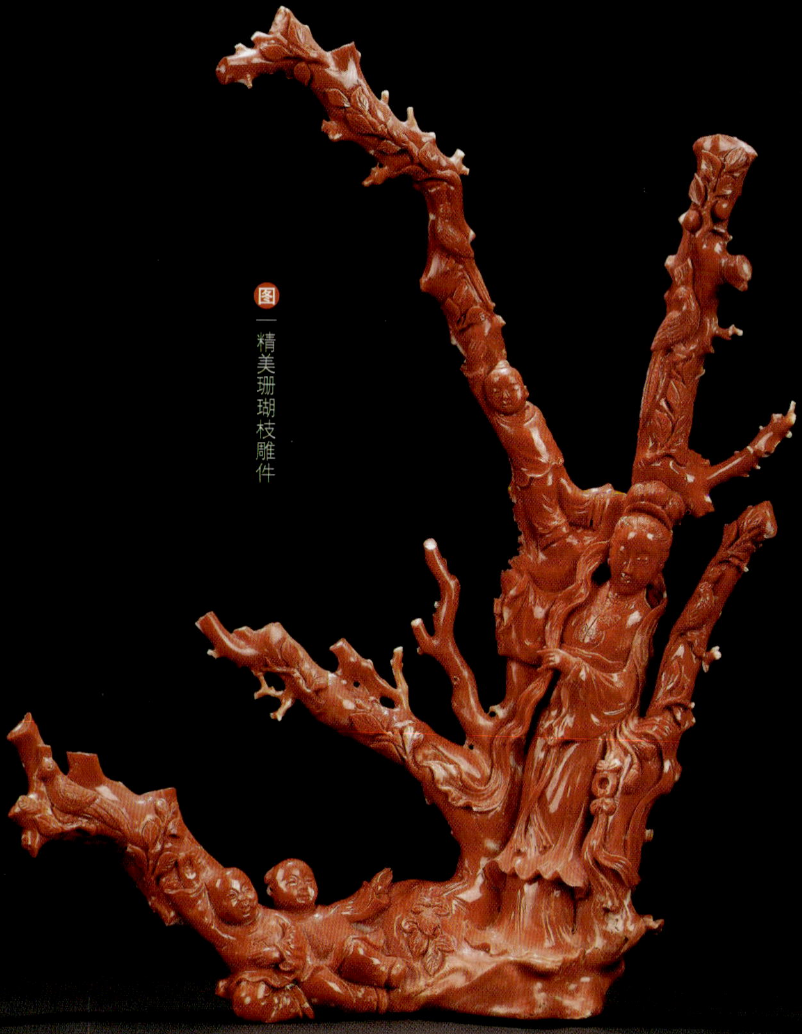

图一 精美珊瑚枝雕件

珊瑚的选购

关于如何选购质量好的珊瑚，下面我们从颜色、块度、质地和光泽程度方面具体来讲。

（1）珊瑚贵在鲜艳的颜色，有颜色的比白色的更受欢迎。颜色要求纯正自然、鲜艳美丽，红色是最好的颜色，颜色越红越正越好，不同的红色有不一样的价格。"辣椒红"是颜色深红的珊瑚，我国台湾、日本地区称这种红为 AKA 红（阿卡深红）；"蜡烛红"是暗红色的；还有一种主要产于地中海沿岸的意大利沙丁尼亚岛的大红色珊瑚，这种红色被称为沙丁红；肉红、

图 红珊瑚藏银手链

被称为 MOMO 红；ANGELSKIN 粉红是常说的天使之面；此外还有粉白色的。白珊瑚中纯白色的是最佳的。金珊瑚和黑珊瑚也是珍贵品种。通常人们把阿卡红作为红色珊瑚中红色中最高档的，粉红、橘红也都很漂亮，消费者可根据自身的喜好挑选。另外，不同地区对颜色的喜好是不同的，如鲜红色是阿拉伯人的最爱，而欧洲人青睐粉红色。在国际市场上，对各种颜色的红珊瑚的价格有一个比较公正的评价标准：AKA 红价值最高，其次分别是沙丁红、MoMo 红、ANGELSKIN 粉红、粉白、白色。

图一 红珊瑚仙鹤瓶

（2）珊瑚当然是块度越大越好。而今，较大的红珊瑚艺术品已经很少见了，只有在一些大型拍卖会上，才偶尔能见到一两件昂贵的较大的红珊瑚艺术品。目前市场上的珊瑚都是论克卖，由于大小不同和质量的优劣，有几十元人民币一克的，也有几百元人民币一克的，有的甚至高达几千元人民币一克。

（3）质地细腻、坚硬、无瑕者为好；稍次的是有白斑、白心的；有虫穴、裂纹多者价值低。造型美观、雕工精细的价值高。

（4）选购珊瑚时，光泽也是不可忽视的一个重要的方面，如果一件珊瑚颜色很红，却暗淡无光，也不会有美感，价值自然不高。高品质的珊瑚都有很好的光泽，有的可达到玻璃光泽。一般活体珊瑚光泽度好，死体珊瑚光泽暗淡。

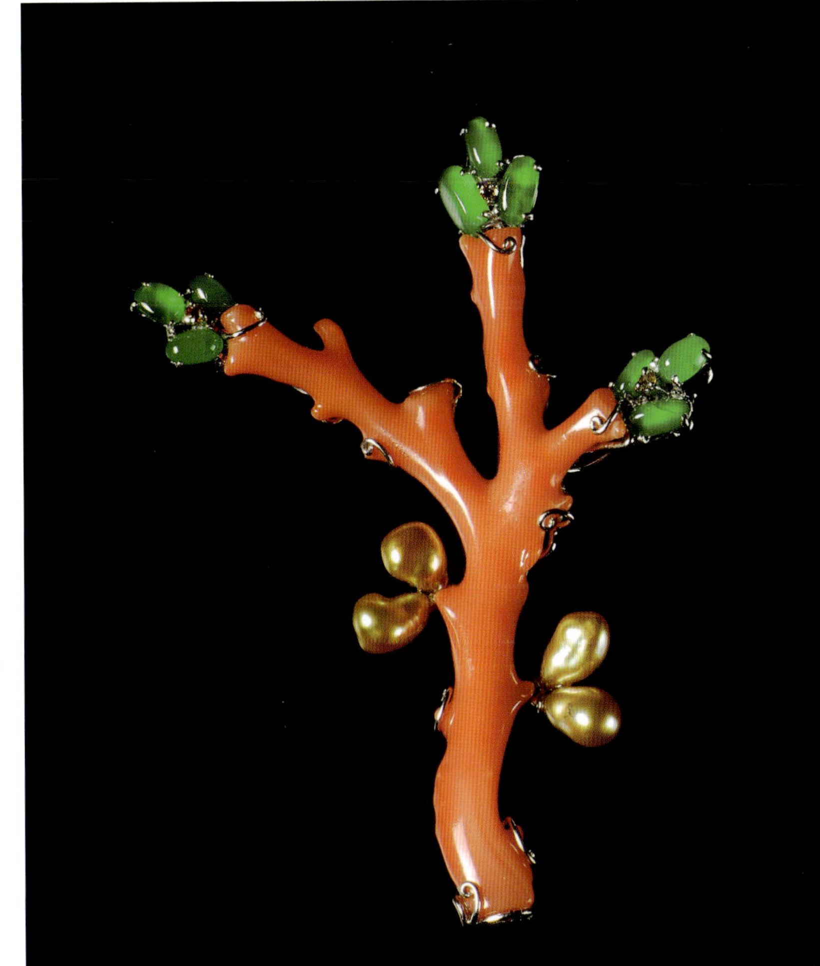

图 珊瑚翡翠胸针

我国将珊瑚分为以下不同级别：

（1）特级颜色为深红、艳红，颜色均匀。质地致密，有很好或好的光泽，大而完整，高度大于0.9米，做工独特、精细。

（2）一级为红色、鲜艳色，颜色较均匀。较致密，有很好或好的光泽，块度较完整，高0.6~0.9米，做工精细。

（3）二级为粉红色，颜色不太均匀。质地致密，可有少量蛀洞，光泽好，块度不完整，高度大于0.15米，做工规则。

（4）三级为颜色浅红、橙红、褐红，颜色不均匀。有较多蛀洞，残缺、断枝，光泽一般。高度小于0.15米，做工规则或不规则。

（5）级外颜色可成不同色调，红色不均匀。有较多蛀洞，主要由各种残枝组成，光泽较差或暗淡，做工较粗烂。

还有一些比较混杂，不容易直接分级。例如一块珊瑚的红色较鲜艳，但块度小于0.6米，又或者是块度大于0.6米、具有很好光泽的粉红色珊瑚原料，像这种珊瑚的级别，应视具体情况判定。

图 珊瑚翡翠花形头饰

珊瑚饰品保养

珊瑚饰品造型多样，色彩绚丽，吸引了众多消费者的目光。但珊瑚是一种有机宝石，比较娇贵。我们购买了一款心仪的珊瑚饰品后，学会保养，来延长它的使用寿命，是很重要的。

（1）珊瑚硬度比较小，收藏时应单独存放，以免被其他宝石划伤。因此佩戴珊瑚饰品时，也要注意不要被磕碰撞击，否则会损坏宝石。

（2）珊瑚主要是由碳酸钙构成的，化学性质不稳定，而夏日炎热时，人们容易出汗，汗液中的分泌物容易腐蚀珊瑚，因此夏季佩戴珊瑚饰品时，要避免珊瑚被汗液沾湿。夏天不宜久戴珊瑚饰品。

（3）化学成分也会造成珊瑚饰品的损坏，因此要尽量减少其与指甲油、香水、酒精、醋等物品接触。

图丨926银红珊瑚耳环

图 | 18k 镀金红珊瑚耳坠

（4）由于珊瑚经常存在空隙，这就容易积存污垢，所以购买了珊瑚饰品的朋友，如果想清洗珊瑚，可把珊瑚放在加有中性肥皂水的水中浸泡、清洗，然后擦干。

（5）在佩戴或使用了珊瑚制品之后，都最好用清水冲一下，然后用柔软的毛巾擦干。

（6）不要长时间将珊瑚在太阳下曝晒或靠近高温物体，这样容易使珊瑚失去水分和光泽，甚至出现褪色现象。

（7）平日保养可在珊瑚上抹一些橄榄油，然后轻擦，这样有利于珊瑚保持其光泽。如果光泽暗淡了，可以轻轻地进行抛光处理。

图 | 红珊瑚如意摆件

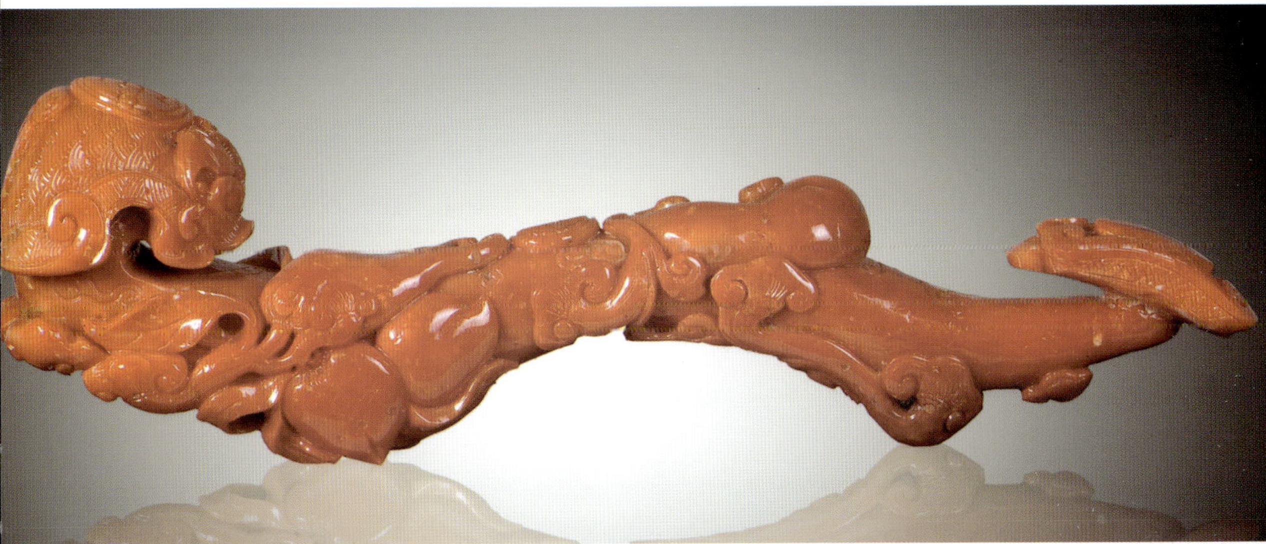

图丨珊瑚手链

珊瑚的功效与作用

珊瑚是难得的宝物，是古老的海洋生物，除了具有装饰作用，还具有很多其他效用。

（1）关于珊瑚的药效，我国明代著名的医学家李时珍在《本草纲目》中就有记载，他记述了珊瑚有明目、止泻、止吐、止血、治腰痛、治疗小儿惊风、清热解毒、化痰止咳、排汗利尿等功用。

（2）除了以上用途之外，珊瑚对防治许多妇科慢性病还有功效，尤其是可作药材治疗妇女不孕症。

（3）红色或粉红色珊瑚能探查血液方面的疾病，如果珊瑚越戴颜色越淡的话，就说明此人有可能患有贫血症或有血液循环不良等问题。此外，珊瑚饰品也很适合心脏病及神经系统疾病患者佩戴。

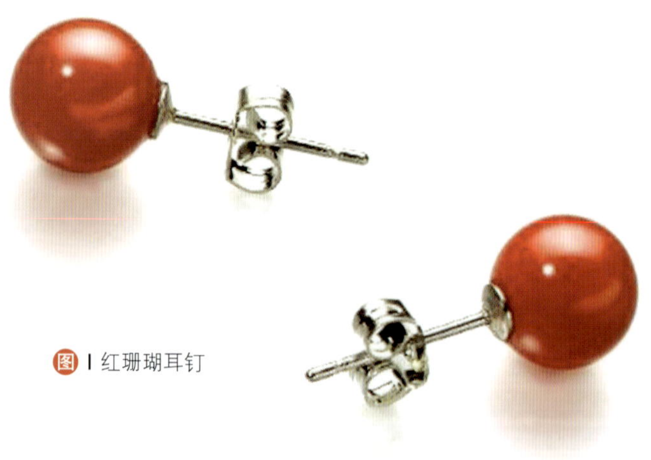

图丨红珊瑚耳钉

（4）碳酸钙是珊瑚的主要成分，经处理后能变成磷酸钙，而磷酸钙与人体骨骼相似。因此，医生修补人体骨骼时，也会用到它。

（5）红珊瑚一般多孔洞，因而具有吸水性的特点，很多佩戴过珊瑚项链、手链的人都惊讶地发现红珊瑚在晴天和阴天时的颜色不一样；雨季和干旱季的红珊瑚颜色也有差异，在南方佩戴和北方佩戴相同珊瑚的颜色也不一样；身体不舒服、虚弱的时候和平日健康时候佩载的珊瑚的颜色也不一样。这样看来，因此珊瑚能替我们窥测身体状况。

（6）相关研究发现，珊瑚中含有谷氨酸、赖氨酸等 20 多种氨基酸。氨基酸被誉为生命物质。除此之外，珊瑚中还含有多种微量元素，其中主要有钠、铁、钾、磷、铜、锌等。这些微量元素对人体大有益处，有促进生长发育、抗衰老的功效。由此可见，珊瑚好处良多。

图 | 天然红珊瑚多层手链

（7）红珊瑚象征高贵、幸福、平安、吉祥，在我国，珊瑚自古就被作为护身符，可以保佑佩戴者平安。美丽的珊瑚又是佛教七宝之一，可以用来供佛灵修，具有带来财运、促进与他人和谐相处之功效。

图 | 珊瑚项链

图 | 天然红珊瑚时尚苹果戒指

珊瑚的真假鉴定

珊瑚有很多好处，是极受珍视的宝石品种。近年来，红珊瑚饰品越来越受世人的青睐，但是市面上很多珊瑚饰品都是用其他材质冒充的。常见的仿制品有塑料仿制品、化学仿制品、骨仿制品等，我们购买珊瑚时应去正规珠宝店，购买前也应该先了解一下珊瑚。

鉴别红珊瑚的原料或原石还是比较容易的。红珊瑚的特点是具有树枝状形态和条带状纹理，而其他宝玉石不具备这样的特点，然而把珊瑚加工成项链、戒指等首饰后就不好鉴别了。这就需要我们掌握以下的鉴定方法。

图 | 18k 白金红珊瑚镶钻耳坠

（1）要仔细观察。通常说来，无论鉴别哪一种宝石，首先都要用眼睛观察一下宝石的特征，可通过观察颜色、形状、光泽、透明度等，对宝石有一个初步的认知，然后再使用测试仪器鉴别。红色、粉红色的珊瑚比较常见，在纵切面上有细密的、颜色深浅不一的、纵向波状纹理，大多珊瑚的这些纹理用肉眼观察不清楚，而海竹珊瑚的纹理非常明显。红珊瑚的颜色比较均匀，有时可在珊瑚物件上见到虫洞。黑珊瑚、金珊瑚横截面有和树木年轮相似的同心环状结构；纵切面表层具有独特的小丘疹状外观。

（2）可以听声音辨别。天然的看似娇艳的珊瑚在相互碰撞时会发出清脆硬朗的声音。一般塑胶或其他仿造的珊瑚发不出这样的声音。对于枝状的珊瑚这种声音尤为明显！

（3）要掂重量。珊瑚虽然外表娇嫩，但它比较有分量，把它放在手心里，会给人一种与外表不符的沉甸甸的感觉，通过掂重量也能鉴别出天然红珊瑚与一些低劣的仿制品。

图 | 红珊瑚福禄挂件

图 | 珊瑚仕女摆件

（4）测试密度。红色类珊瑚的密度在2.60～2.70克/立方厘米的范同内，折射率是1.65。黑珊瑚和金珊瑚的密度在1.30～1.50克/立方厘米之间，折射率是1.56。但应注意的是，最好不要测珊瑚的折射率，这是为了避免棕色的折射油污染珍贵的珊瑚。

红珊瑚与染色骨制品的鉴别

用牛骨、驼骨、象骨等动物的骨头进行染色或涂层后来仿制珊瑚，这就是染色骨质仿冒品，其特点是有棕眼、质量较轻。我们可用下面的方法进行鉴别。观察其横切面，有放射状、同心圆状结构的是珊瑚，具有圆孔状结构的是骨制品；再看纵切面，连续的波纹状纹理的是珊瑚，断续的平直纹理的是骨制品；此外珊瑚具有白心、白斑、虫穴的特点，珊瑚的颜色很自然，比较均匀，而且其红色是透明的，骨制品的颜色显得呆板，表面深，里面浅，是不透明的，还会褪色，如果观察饰品的钻孔处，会发现孔壁是白色的。骨制品的折射率 1.54，密度 1.70~1.95 克 / 立方厘米。珊瑚能与稀酸反应，骨制品却不能。骨制品有韧性，因此其断口处具有参差不齐的锯齿，而珊瑚的断口较平坦。

图 | 红珊瑚观音雕件

红珊瑚与红玻璃的鉴别

玻璃仿珊瑚具有明显的玻璃光泽，而红珊瑚带有明亮的蜡质光泽。用放大镜观察玻璃仿品，其内部有气泡、漩涡纹，玻璃仿品呈贝壳状断口，不与酸反应，硬度大，玻璃品不具备珊瑚的结构特征，其折射率为 1.635，密度为 3.69 克 / 立方厘米。

红珊瑚与红塑料的鉴别

塑料仿珊瑚硬度低，表面不平整，相对密度明显低于珊瑚，因此重量轻，缺少珊瑚特有的放射状和同心圆状结构，无自然纹理与光泽。同样不与酸反应，且放大观察可以看见有气泡、漩涡纹，表面还常留下模具的痕迹。用热针扎仿品会闻到辛辣味。塑料制品是染色仿制红珊瑚的，因此易褪色。

图 珊瑚龙凤呈祥鼎摆件

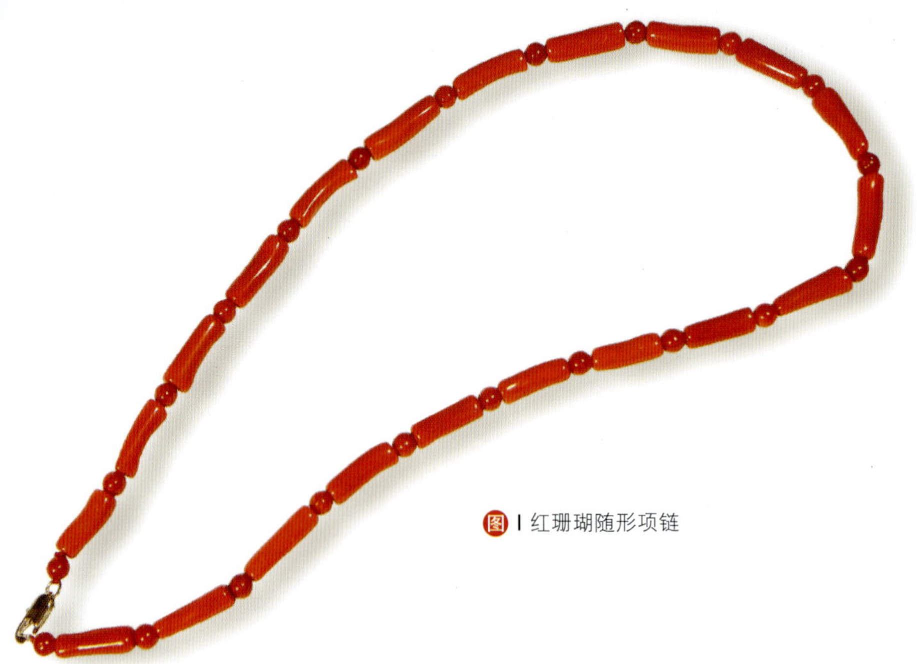

图 | 红珊瑚随形项链

红珊瑚和与染色珊瑚的鉴别

由于红珊瑚的价值高，因此很多商人用染色的珊瑚来冒充天然红珊瑚。这种情况，由于仿品本身就是珊瑚，因此其与天然珊瑚的结构和密度等性质是相同的，这对于消费者来说比较不容易分辨。我们可以通过下面的方法小心辨别：染色红珊瑚的颜色单调，里外不一致，外面颜色深里面颜色浅，光泽度差，颜色也郁结无生气，在小裂缝和有颗粒的地方颜色涂得重，珊瑚总体颜色分布不均匀。用棉签蘸丙酮的擦拭染色珊瑚时，棉签会被其染色。

图 | 红珊瑚硕果累累脚链

水晶

千年之冰

水晶概况

水晶的定义

千百年来，水晶以其纯净、透明、坚硬的特点，被人们视为坚贞不屈、纯洁善良的象征。

石英是水晶的矿物名，自然界中最常见又最主要的一类造岩矿物就是石英。水晶是宝石中的一个大家族，品种非常多。而作为珠宝的水晶就是特指单晶石英。

图 | 紫水晶配黄水晶手链

图 | 蝴蝶水晶胸针

水晶是一种稀有矿物，是石英结晶体，二氧化硅是其主要化学成分。不含其他物质时，是无色透明的晶体，水晶晶体有的长得很大，可达几米长，达几吨重。水晶一般有无色、灰色、乳白色，当含如铝、铁等微量元素时可呈紫色、黄色、茶色等，经辐照微量元素会形成不同类型的色心，产生如紫色、黄色、茶色、粉色等不同的颜色。还有一些包裹体水晶，如发晶、绿幽灵等，它们是含伴生石的水晶，以金红石、电气石、阳起石、云母、绿泥石等为包裹体。

西方人认为透明的材料都是水晶（Crystal），所以无色透明的玻璃也包含在水晶这个词里，也包含天然的水晶矿石。古老的中国给水晶起了很多富有诗意的名称，包括水精、水玉、菩萨石、千年冰等十多种，因此，为了统一，通常国际上天然水晶用Rockcrystal来表示。发育良好的单晶为六方锥体，所以通常为块状或粒状集合体。

图丨白水晶手串

图丨粉水晶配紫水晶拼接手链

图 | 925 纯银四叶草水晶项链

水晶的特征

水晶晶莹剔透、光芒四射，属氧化物类宝石。它斑斓的色彩是由于含有不同的混入物。结晶完美的水晶晶体属三方晶系，一般是六棱柱状晶体，柱面上有横纹，多条一头尖或两头尖的长柱体生长在一块，我们称其晶簇，甚为壮观，形状可谓变化多端。水晶的颜色是由组成成分中混入微量元素而形成的。如果水晶的成分就只是二氧化硅，那这种水晶是无色的，紫色水晶含微量三价铁和二价锰，黄水晶含微量二价铁，绿色水晶含微量铁，粉色的含微量二价锰、四价钛，烟色的含微量三价铝。水晶的透明度为透明至半透明，折射率为 1.544 ~ 1.553，双折射率为 0.009，色散为 0.013。水晶的光泽属于玻璃光泽，断口处是油脂光泽。在光的一系列作用下，有些水晶会具有特殊的光学效应，如猫眼效应、星光效应和彩虹效应等。

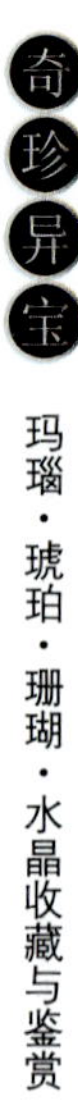

图 | 粉水晶戒指

（1）猫眼效应。在光折射和反折射作用下，有些弧面水晶的表面会出现一条闪亮的并具有一定游动性的光带，犹如猫眼细长的瞳眸，称为水晶猫眼效应。移动光源或转动水晶的弧面，光带就会平行移动。只有具备一组密集的定向排列的包裹体或结构的水晶才能产生猫眼效应。另外，弧面水晶的底平面应与包裹体所在平面平行。具有猫眼效应的水晶，可以显现出充满灵气的光芒，十分美丽。

图 | 天然黄晶心形吊坠

（2）星光效应。有些弧面水晶表面在可见光折射和反折射作用下呈现出两条或两条以上交叉亮线，形如星光闪烁在夜空中，这就是水晶的星光效应。含有两组或两组以上定向排列的包裹体或结构，而且水晶底面与这些包裹体或结构所在平面平行的水晶才能产生星光效应。水晶的星光效用还有三射星光、四射星光、六射星光之分。

（3）彩虹效应。在宝石学上用“晕彩”来称呼这种光学效应。这种效应是由于受地质作用的影响，有些水晶晶体内产生了裂隙，在自然光的照射下，裂隙对可见光的一系列作用下进而产生了色散，就形成了水晶的彩虹效应。其实，只要具有裂隙，各种宝石都可以产生彩虹效应。

水晶的特殊光学效应使得它们美艳无比、璀璨神奇，这能够掩盖水晶本身的缺陷。如一块比较大的水晶的晶体，内部具有一个有较大的裂隙，这明显影响了宝石的美观，然而因这块水晶裂隙而具有彩虹效应，且这种效应比较明显，因此就提高了这块水晶的观赏价值，同时也有利于提高水晶的经济价值。

水晶莫氏硬度为 7，是质地坚硬的宝石，但是也很脆，水晶的韧度值为 7.5，韧度又叫打击硬度，是指抵抗断裂的坚韧程度，基本与脆性对应，韧度受宝石矿物结构构造的影响。水晶无解理，有典型的贝壳状断口。密度为 2.65 克 / 立方厘米，水晶熔点为 1713℃。在进行实验时发现，水晶有受热易碎的特性，除非有很好的保护，且慢慢冷却，否则将水晶放在烈焰上烧烤，晶体很容易碎裂。然而，这一特性，古人早就知道了。

水晶具有良好的压电性。水晶的压电性就是指水晶具有可使压力与电荷互相转换的性能。即当净度较高的水晶单晶体受到压力作用时，会产生电荷；相应地，当水晶受到电压作用时，又会产生频率很高的振动。天然水晶与合成水晶都具有良好的压电性能，这种性能在无线电和遥控谐振器具上发挥了不少作用。水晶还具有良好的导热性能。导热性是宝石传导热的能力，不同宝石具有差异很大的传导热的性能，因此可以利用这一性能鉴定不同的宝石。

图 | 水晶吊坠　　图 | 水晶耳环

图丨花花蝴蝶水晶戒指

水晶的传说

古往今来，世界上最纯净的东西莫过于水晶，它晶莹闪耀，深受人们的青睐，我国的古人又赋予其“水精”、“菩萨石”、“千年冰”等很多令人遐想的名字。水晶常被比作眼泪，有许多美丽、动人的神话传说代代流传，人们赋予了水晶无限的神秘和美好的希望。

图丨水晶钥匙圈

传说一：

古时有一个男孩和一个女孩，他们青梅竹马，男孩一直深深暗恋着女孩，但女孩并没察觉到。后来，他们长大成人了，女孩把自己订婚的消息告诉了男孩，男孩很痛心，每个夜晚他都吹笛落泪，后来他滴落了 9999 滴眼泪时，天神也为之感动了，天神要帮他实现一个愿望，男孩说希望自己能够永远守护女孩。于是，天神用男孩的 9999 滴眼泪和男孩的灵魂幻化成一条水晶项链，并用法术让这串水晶项链飞进了女孩的家里，最后轻轻落在了女孩的梳妆台上，女孩看到后非常喜欢，就带着这串项链步入了婚姻的殿堂。从此，女孩一直过得很幸福。因此水晶便和幸福相关了。

图 | 紫色情迷水晶项链

传说二：

在远古，在东海有一座山叫作房山，有两股清澈透底的泉水在山间汩汩流淌着，一股叫“上清泉”，一股叫“下清泉”。在这山清水秀的旖旎风光中生活着一位叫水晶仙子的美丽善良的仙女和她的老父亲。清泉村有一位小伙子每天都到山里打柴，他英俊而勤劳，水晶仙子慢慢就爱上了他。他们两情相悦，之后结为了夫妻，过着幸福的生活。很快，天宫的玉皇大帝知道了这件事，他很愤怒，立即派天兵天将捉拿水晶仙子，多情的水晶仙子知道与夫君再难相见，于是伤心的泪水不断地流淌，泪珠如倾盆大雨一般，落到人间便化作了水晶。

图 | 粉色水晶耳圈

图 | 绿发晶手链

传说三：

从前有一个种瓜老汉住在东海牛山脚下，他一辈子以种西瓜为业。有一年大旱，太阳炙烤着大地，干涸的土地都裂了缝。瓜老汉的西瓜也都遭了殃，他每天不停地挑水来浇灌西瓜，最后只有一个西瓜活了下来，这个西瓜不停地长，最后竟长得和笆斗差不多大。

邻村有个贪婪的财主，人们都叫他“烂膏药”。一天晌午，他走在路上，正好看见了这个大西瓜，非要买下来。瓜老汉正犹豫，这时西瓜里突然传来了哀求声：“瓜爷爷，我是牛山的神牛，你快救救我。”瓜老汉很纳闷，问：“你怎么跑到西瓜里去了？”牛说：

图 | 复古粉水晶手链

“我被晒得太渴了，就钻到这瓜里喝瓜汁，结果撑得出不来了。”“可我怎么救你呀？”瓜老汉很着急。牛说：“你千万不要把这个西瓜卖给‘烂膏药’，要是他把西瓜进贡给皇上，牛山就没有宝啦！你赶紧把西瓜打开，把我放出去。”说话间，“烂膏药”就命令家丁把西瓜抢过来，就在这时，瓜老汉快速挥刀劈向西瓜，伴随“轰隆”一声响，瓜里射出来一道金光，把半边天空都照亮了，整个牛山光芒万丈。然后，在瓜里面跑出来一头拉着晶溜子的晶牛，它晶莹璀璨、清澈透明、万般美丽。神牛出来后赶紧向瓜老汉磕头并说：“瓜爷爷，你这地里有晶豆子，你收吧！”“烂膏药”瞧见了晶牛，喜出望外，赶紧命令家丁：“你们快拦住它，把晶牛抓住，抢下晶溜子，收晶豆子！”家丁们纷纷围住晶牛，晶牛东奔西跑，晶溜子拉得到处都金光闪闪。晶牛怎么也闯不出去，瓜老汉急得使劲用刀背打了晶牛一下，大声喊道：“快跑啊！”这时晶牛飞快地向“烂膏药”狂奔而来，把“烂膏药”撞了个大跟头，七窍流血，当时就死了。晶牛向牛山腾空离去，只见牛山金光四射，晶牛就钻进了山里。“烂膏药”躺在地上，死状凄惨，家丁们哭丧着脸将“烂膏药”的尸首拉回了家。瓜老汉都看呆了，醒过神来才看见瓜地里到处都是闪耀的光，用铁锹一挖，就能挖出来晶莹闪耀的石头，这些就是值钱的水晶石。

图 | 海豚水晶胸针

水晶的形成

人们喜爱水晶的晶莹璀璨、五彩缤纷、姿态万千，并赋予了它很多美好的想象，但真正了解水晶的人们并不多。

石英是主要的造岩矿物之一，是一种多成因矿物，广泛地分布在地壳中，约占整个大陆地壳的11％，在岩浆岩、变质岩和沉积岩中都可形成。但是宝石界使用的水晶主要产于热液型矿脉及伟晶岩中，也见于花岗岩晶洞中。含有水晶的矿体或岩石被风化后，水晶则会转入砂矿。

图丨绿幽灵水晶手串

图丨蓝水晶随形吊坠

图丨紫水晶天使之翼吊坠

含有氧和硅的溶液中可以结晶出水晶来，这些溶液高温、低温都可以。水晶晶莹璀璨，五彩缤纷，深受世人青睐。要形成水晶晶体，除了水以外，一定的空间必不可少，例如有些岩石中有一些空洞，在空洞的洞壁上就可能会长有水晶。

地球内部的岩浆随着地壳运动、火山爆发，逐渐向地壳侵入，随着周围环境的变化，部分岩浆在近地表冷却下来，结晶成岩浆岩，如玄武岩、花岗岩等，流出地面后就成为了火山岩。流出地面的火山熔岩如果没能来得及结晶就迅速冷却，就会形成墨曜岩（一种天然宝石，属于天然玻璃）。而富含二氧化硅的溶液可通过火山活动、变质作用产生，这些都和水晶矿床的形成有关。

根据形成条件，宝石矿床一般分为三大类：内生矿床、变质矿床和外生矿床。像岩浆作用、岩浆期后热液的作用等形成的水晶矿、海蓝宝石矿等，这一类能量来源于地球内部，是内生矿床；能量来源于大面积的高温高压区域变质作用的是变质矿床，如京白玉、东陵石等矿床；来源于如大气、水、二氧化碳、阳光、生物等地球外部作用而形成的矿床是外生矿床，是有用的元素或成矿物质富集起来形成的矿床，如绿玉髓、玛瑙等矿床。

图一 水晶摆件

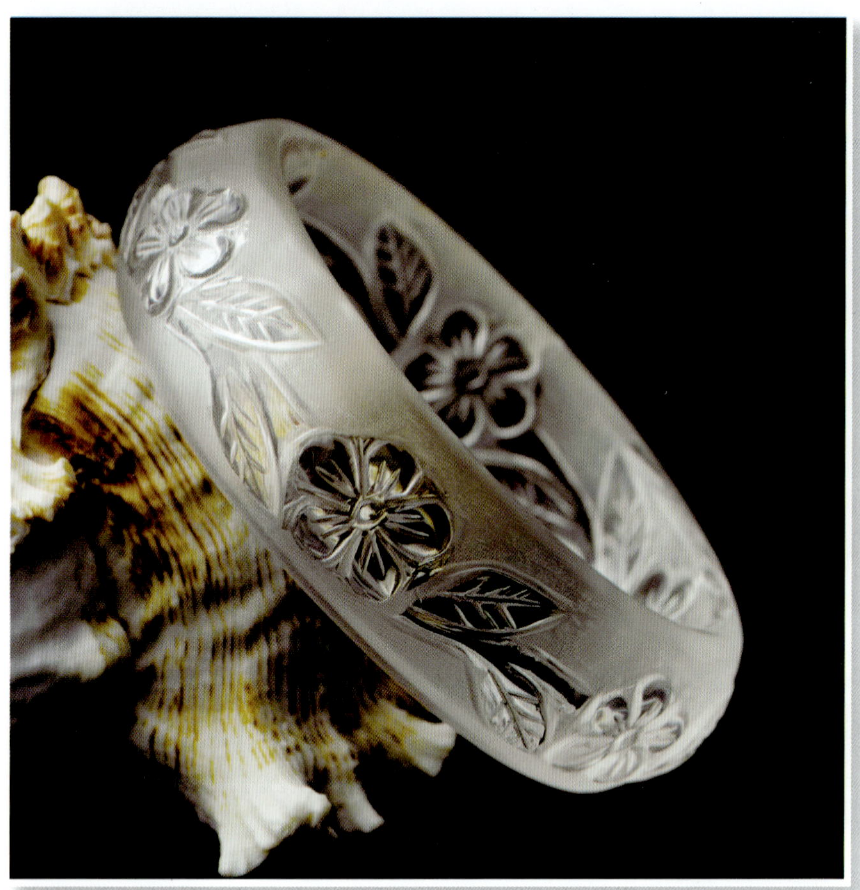

图丨白水晶手镯

水晶矿床主要有花岗伟晶岩型和中温热液脉岩型两种成因类型。花岗岩侵入活动常和伟晶岩型水晶矿床的形成相关，多出现于花岗岩体的内、外接触带。伟晶岩体一般呈脉状，分带现象及晶洞构造经常出现。热液脉型水晶矿床主要分布于硅质岩层和碳酸盐岩石中，产出呈脉状体，脉体可呈透镜状、网脉状和单脉状。下面我们来分别介绍伟晶岩矿床和热液矿床。

伟晶岩矿床

伟晶岩是一种一般呈不规则岩墙、岩脉或透镜状的、矿物结晶颗粒粗大的地质体。很多情况下，岩浆岩和伟晶岩矿床的成因有关。岩浆岩或火山岩逐渐冷却、结晶，在结晶作用后期形成岩浆期后热液，此时温度和压力全都降低了，含有大量挥发成分，同时黏性小、导热性小、热能储量大的残余溶液和气态溶液，使得岩浆缓慢地冷却，从而形成伟晶岩。在岩浆结晶后期，一部分含二氧化硅的溶液沿着构造裂隙移动，就在合适的地方形成了水晶矿。

图 | 聚财佛水晶摆件

图丨紫水晶花团锦簇吊坠

热液矿床

含矿热水溶液，在一定条件下通过充填或置换作用，在各种有利的构造和岩石中形成的有用矿物堆积体就是热液矿床。在各类矿床中，热液矿床是最复杂、种类最多的类型，可在不同的地质条件下，通过不同组成、不同来源的热液活动形成。热液矿床又被分为岩浆岩热液型矿床、火山期后热液型矿床和与地下水有关的热液型矿床。

1. 岩浆岩热液型矿床

在岩浆冷凝过程中以及在岩浆结晶作用的一定阶段，随着温度、压力的下降，水等挥发成分从岩浆中分离出来，形成高温含矿气液，这些含矿气液在岩洞、岩石裂隙等处运动，在合适的地段就会形成矿床。紫水晶和黄水晶主要是产自岩浆岩热液矿床中的。水晶的形成首先要有充裕的空间以供生长，一般在岩洞、岩石裂缝或节理断层中都有水晶生长；其次需要有较高的温度和压力；再次要有足够的生长时间；最后必须有富含二氧化硅的热液来结晶，而二氧化硅是岩浆期后热液的主要成分。

地壳总是在不断运动，形成水晶的这些条件也都在不断变化，任何一个因素的改变都会影响水晶的形成，至少会影响水晶的质量、块度等。水晶生长环境的变化会促使一部分水晶形成包裹体。水晶形成以后需要有一个稳定的环境才能得以保存，在经历了极其漫长的岁月后，地壳内的水晶逐渐发生了变化，有的颜色不再艳丽，有的出现了许多裂纹等，致使质量不佳，不能作为宝石。所以，宝石级的水晶一般形成于新的地质年代。

2. 火山期后热液型矿床

火山喷发后期分离出的气态和液态溶液与以前形成的围岩发生化学反应和物质相互交换作用，在此过程中，二氧化硅析出。二氧化硅沉积在喷出岩的气孔和空洞中，在中高温度条件下，如果再有充足的时间，就会慢慢地在空穴壁上凝结成一支支的晶体，从而形成“水晶洞”。

从外表看来，这些“水晶洞”就像普通的石头，但切开后就会发现里面洞穴的壁上凝结着如人的手指大小的一支支六角柱的水晶。若在中低温条件下，火山期后热液则可形成隐晶质玉髓、欧泊、玛瑙。

图 | 海蓝宝白水晶手链

3. 与地下水有关的热液矿床

地下水（包括变质水）可在地下环流中受热并与流经的岩石发生相互作用，溶解、淋滤出二氧化硅，当其运移到有利的地质环境中沉淀下来时，会形成各种层状矿床。世界上最广泛的水晶矿床的形成就与此有关。近些年，中国广西发现一种含水晶方解石脉的新型水晶矿床，晶洞内的石英体无色透明，与方解石、冰洲石等伴生。

除上述成因类型外，玄武岩的气孔中也产紫晶。在较特殊的球化学条件下才能形成紫晶，其形成要求热液必须是富铁、贫锆、氧逸度高的，特别需要三价铁离子的存在。

图丨水晶弥勒佛吊坠

图 | 天然发晶手串

水晶的产地

南美洲和亚洲是世界上著名的水晶产地，其中南美的巴西水晶产量很大，近几十年来其出口量在世界总量中一直占很大的比重，马达加斯加和危地马拉的产量也较大。美国、加拿大、意大利、法国、澳大利亚、土耳其等 30 多个国家有少量水晶产出。在亚洲，水晶主要分布在中国和印度。

图 | 紫水晶追随一生吊坠

中国水晶

中国有很丰富的水晶资源，在25个省市都有产出，如江苏、海南、四川、云南、广东、广西、贵州、新疆、辽宁等。除上海、天津、宁夏等从未报道外，几乎在各省区都有水晶产出，其中质量最好、最为著名的水晶的产地是江苏省东海县，海南、新疆、四川也有高品质的水晶产出。紫水晶产量稀少，主要为热液石英脉型和伟晶岩型的矿床。中国的山西、内蒙古、山东、河南、云南和新疆等省出产紫水晶，其中山西省五台山出产的紫水晶很有名，其块度大、颜色美丽、整体通透。

河南省平顶山的水晶储量也很丰富，属低温热液石英脉型。这里的水晶颜色丰富，有无色的、紫色的、褐色的，还有少量黄色的。

图 | 东方明珠蓝晶戒指

图 | 烟晶手链

图 | 无色水晶佛头

东海水晶

大约 23 亿年前，东海一带还是茫茫沧海。那时地壳不稳定，不断运动，经历过多次地质作用后，这里有了丰富的变质热水溶液。到了 2 亿 ~3 亿年前，也就是地质年代的燕山期，地壳更加频繁而剧烈地运动，不断的地壳运动使得驰名中外的郯庐断裂带在东海县西侧形成了，而在其东侧形成了海泗断裂，断裂的周围有大量的节理、小断层。海底的火山喷发使得大量含二氧化硅的岩浆喷出了地表。这些得天独厚的地理条件，使得一部分岩浆冷却形成大的花岗岩体，另一部分含矿溶液沿着这些通道运移，在适宜的部分结晶沉淀下来，因此今天东海的水晶矿得以形成。

江苏省东海县的水晶闻名天下，被冠以“水晶之都”，东海的水晶产量巨大，质量高档，世界闻名。从 19 世纪开始，东海人就开始开发利用水晶了，但是近几十年来才真正普及并为人们所熟知，特别是近年来，随着当地政府连续成功举办了多届水晶节，许多人通过水晶熟知了东海，许多珠宝企事业单位注意到了东海，认识了东海的水晶企业。近些年，东海水晶贸易量不断增大，东海成为了世界水晶的集散地。

江苏省北部和山东省东南部的大片区域盛产水晶，以江苏省东海县为中心的数千平方千米的范围内，有 37 种矿物被勘测出来，约有 30 万吨的储量。这里的水晶一般是无色的，也有一些呈茶色、烟色和紫色等。

1958 年在东海曾产出过一块被称为中国“水晶王”的巨大水晶，它长 1.7 米、宽 1.2 米、重 3.5 吨。1973 年和 1983 年也曾多次开采出 1~3 吨重的巨大水晶，着实无愧于“水晶之都”的称号。近 20 年来，国家每年都在东海县收购占全国收购总量一半左右的水晶。一代伟人毛泽东的水晶棺就是用质量上乘的东海水晶做的原料。目前中国出产的最大的一块水晶也是东海水晶。

海南水晶

海南水晶纯洁无瑕，高雅脱俗。屯昌县是海南水晶的主要产地，该县羊角岭水晶的矿量丰富、质量优良、纯洁透明。海南还把国外的加工设备引进来，将质量上乘的天然水晶加工成琳琅满目的项链、手链等装饰品和生活中的物件等。水晶装饰品除了能对我们自身及周围环境起到美化作用，还对身体有好处，是来海南观光时不错的纪念品。

图 | 花样年华水晶戒指

图 | 流星雨水晶手链

图 一水晶算盘吊坠

羊角岭海拔200多米，是我国水晶非常丰富、非常大的水晶矿区，主要产于同花岗、闪长岩有关的岩带内，在世界上也是属于超大型的水晶矿床。矿床类型属矽卡岩石英脉型，主矿体长240米，宽90~130米，深150米。羊角岭水晶原矿因清澈透明、纯正洁净而闻名于世。1939年日本侵略军曾疯狂挖掘过羊角岭水晶矿，新中国成立后国家对其进行了全面勘探，之后开始建矿生产，羊角岭水晶矿是我国最早的水晶矿，至20世纪70年代中期主要矿体基本开已被采完。在采矿挖掘的过程中，在羊角岭形成了一个长约70米，宽约30米，深约200米的天池。天池所在地是屯昌县城南的羊角岭顶端，天池水质清澈，冬暖夏凉，吸引了很多游客来这里尽情畅游。天池附近为七〇一矿部和天然水晶加工厂、商场，这里加工的水晶饰品深受海内外人士的喜爱。

图丨粉晶戒指

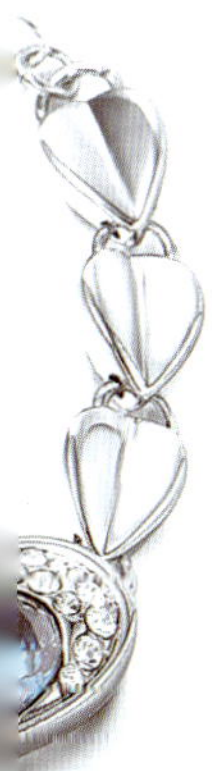

图 | 茶晶手串

新疆茶晶

中国的茶晶主要是新疆出产的，其生长在花岗伟晶岩中，产出的数十千克重的晶体在茶晶中属于非常大的。其中新疆奇台县出产的烟晶因透明度高，深受消费者喜爱。

图 | 幸运星天然水晶耳饰

巴西水晶

巴西被誉为水晶王国，是出产水晶的大国，水晶储量巨大，产量、出口量都大得惊人。巴西东南部的米纳斯吉拉斯地区的水晶资源分布很集中。巴西有很多紫水晶矿山，这里出产的紫水晶很有名，有很多种类。巴西紫水晶外形多为山状，颗粒大，以淡紫色为主或是带些黑色的紫水晶，巴西紫水晶的的颜色并不十分艳丽。巴西南部出产的紫水晶质量较好，紫颜色也更深一些，而北部出产的紫水晶都是较浅的紫色。现如今世界上最大的紫晶洞产地就在巴西。

图 | 招财葫芦水晶吊坠

上百万年前巴西南部的火山活动剧烈而频繁，经过了数百万年，大量的火山岩浆热液在玄武岩的气孔中结晶，美丽的紫水晶由此形成。水晶呈紫色是因为水晶结晶时混入了大量铁离子，铁离子使水晶从无色变成紫色。如今，市面上出售的许多黄水晶都是由巴西北部产出的紫水晶加热形成的。

巴西水晶的紫色还是比较丰富的，从淡紫色水晶到深紫色水晶都有出土，只是出产的淡紫色和半色调紫色的水晶较多。目前巴西产的紫水晶供给了市场上的大部分项链、手链等首饰及其他紫水晶工艺品，这里出产的天然紫水晶的价格不是很贵，其价位可以被大多数消费者接受。

乌拉圭水晶

在世界上，质量上乘的紫水晶来自乌拉圭，它们最为稀有而昂贵，乌拉圭紫水晶向来以最令人惊艳、最罕见的色调而享誉中外。乌拉圭紫水晶的颜色是很深的紫色，娇艳惹人怜爱，同时还带着酒红色。乌拉圭出产的紫水晶颗粒较小，大多呈块状，很适合雕刻加工，其制作出的紫水晶首饰异常美艳；但是近年来几乎停产，使其越加稀有名贵，成为了世界各地珠宝店的镇店之宝，是世界顶级的珠宝店的必备商品。

乌拉圭紫水晶能凝聚能量，它可以聚集室内的正面能量，在办公室摆放，不仅可以促进人际交往能力，与他人和谐相处，还可以增强财运，使事业更上一层楼。同时，它可以促使人思维敏捷、脑细胞活跃，使人变得更有智慧。

图 | 乌拉圭紫水晶簇摆件

图 | 紫水晶天鹅吊坠

韩国水晶

韩国也大量出产紫水晶，这里的紫水晶一般有较深的颜色，其特点是紫色中带着些许蓝色，蓝紫色显得深邃，同时带有高贵的气息，这种独具特色的、有着异域风情的颜色令许多人非常着迷，娇艳的蓝紫色调很讨人喜欢，因此这里出产的紫水晶也是很有市场的。近些年来，人们大量开采水晶矿，其产量不断减少，加上政府的出口限制，因此其价格持续走高。尤其是韩国旅游景点卖的紫水晶，价格相当高，但是假货也很多，特此提醒广大水晶爱好者小心甄别，以免上当。

图 | 蝶舞飞扬水晶吊坠

图丨复古紫水晶吊坠

赞比亚水晶

非洲中南部赞比亚出产不少质量优美的天然紫水晶。赞比亚出产的紫水晶色泽艳丽，非常美丽，往往有娇艳的红色调存在于紫色中，颜色是非常深的紫色，甚至有的呈魅惑的黑紫色。但是，赞比亚的紫水晶一般都是小块的，还经常带有瑕疵，纯净的大块水晶实不多见，一般是每颗几克拉。因此雕刻师们常常将原有的有杂质的部分切割或者打磨掉，保留晶体纯净且颜色瑰丽的部分，加工好的成品自然比较昂贵。赞比亚水晶原料经常用来制作深紫色的水晶手串和念珠。

图丨星梦奇缘水晶戒指

水晶的种类

水晶家族非常庞大，有非常多的种类，我们可以按照不同的特征将它们进行分类。例如我们可以按照按颜色、光学效应和包裹体等将它们加以区分。

按颜色分类

1. 无色水晶

纯净的二氧化硅晶体形成的无色透明的或者是略带浅灰或浅褐色调的水晶属于无色水晶。无色水晶的产出形式通常是单个柱状晶体或晶簇，晶柱小的有几厘米，大可达几米；一般产出的晶体是几千克至十多千克的，偶尔可以出产几百千克以上的。常有丰富的包裹体如负晶、气液包裹体、固体包裹体存在于晶体内部，也会有裂隙发育，块度较大的晶莹澄澈、无杂质裂隙的晶体非常罕有。负晶和无色水晶在形状上完全相同，当没有液体填充其内部时，就是空穴，与水晶很好区分；当被气液填充时，就形成了气液包裹体。

图 | 无色水晶弥勒佛吊坠

金红石、电气石、针铁矿、黄铁矿等是无色水晶的固体包裹体，这些矿物包裹体使无色水晶变得生机勃勃。比如有的无色水晶上有一些细小的裂隙，这些裂隙对光的干涉产生色散就形成美丽的晕彩，给水晶带来了神奇的效果。通常说来，晶体越通透越好，但是，很少会有特别纯净透明的天然无色水晶，大部分水晶内部或多或少都存在一些包裹体，如果内部含有的包裹体不影响其美观度，而又能形成不错的效果，反而能为水晶添加不少魅力。发晶是一种很美丽的水晶，它的形成就是因为晶体中有发丝状或针状的包裹体，它们变化多端的组成方式为水晶增添了不少趣味。水晶包裹体按成因可分为同生包裹体和次生包裹体。

图 | 天然无色水晶项链

图 | 紫水晶雪花吊坠

图 | 紫水晶一夜成名吊坠

2. 紫水晶

紫色的水晶叫紫水晶，有时也直接叫紫晶，是水晶家族里面最高贵典雅的成员。紫色原本就是一种高贵雅致的颜色，加上水晶本身的晶莹剔透，使得紫水晶更加惊艳动人。紫晶的颜色丰富多彩，从浅紫色到深紫色，其中还经常带有不同程度的褐色、红色、蓝色色调。紫晶一般靠近晶体的尖端部，颜色深。

一直以来，紫水晶都被西方国家视为神秘的幸运之石，它神秘梦幻的紫色调，如葡萄般楚楚动人，紫水晶的颜色不尽相同、丰富多样，这和其产地地质、形成条件有关。一般火山岩、灰岩等水晶岩洞之中出产的紫水晶质地优良，晶体中一般杂质较少，十分珍贵。世界上出产紫水晶的国家和地区很多，巴西、乌拉圭、俄罗斯、马达加斯加、韩国、斯里兰卡及中国大陆的部分地区也出产紫水晶，但市面上售卖的水晶饰品一般是巴西、乌拉圭和部分国内的紫水晶原料制作加工的。

紫晶的颜色一般不是均匀分布的，常见由于颜色的深浅造成的色带。色带有的平行分布，有的相交分布；有时可见到呈不规则几何图形的色块，偶尔可以看见不规则的团块状、絮状物，一般边缘颜色会更浅。造成紫晶形成鲜艳紫色的主要原因是内部含有二价铁离子或三价铁离子杂质元素，加热或阳光暴晒会使其褪色。一般深紫色更受人们欢迎，因此市面上出售的紫晶都是颜色深一些的更贵，最昂贵的是深紫色到紫红色的水晶。这种水晶的著名产地是乌拉圭及西伯利亚，被叫作乌拉圭紫晶和西伯利亚紫晶，该名称本来指产地，现在更多地意味着质量。某些紫水晶形成后，受地热等因素的影响又变成了黄水晶。人们经常把浅色的紫水晶人工加热处理变为黄水晶，紫水晶代表着高贵、典雅，是庄重和权势的象征。

紫晶还具有多色性，颜色的深浅与其多色性有关，浅色紫晶的多色性很微弱，不容易观察到，深色的紫晶有两种类型的多色性，即红紫—紫色、蓝紫—紫色。

一般紫晶的晶体比白水晶小一些，呈现方式大多是内向生长的晶洞（紫晶洞），而外向生长的紫晶簇则相对较少。

图丨天然紫水晶耳钉

图丨紫水晶吊坠——心花怒放

紫晶也含有各种各样的包裹体，有气液两相包裹体、愈合裂隙、矿物包裹体等。在紫晶中有时会有一种具有深色和浅色交替条纹的愈合裂隙，我们形象地叫它“斑马纹”。紫晶中有时也会有白色云纹，看起来如同羽毛，常产生彩虹折射现象。

图丨紫菊水晶戒指

人们常把紫晶加工成各种装饰品。优质紫晶多加工成刻面，镶嵌在首饰上或收藏。紫晶首饰高贵典雅，气质出众，大块的做成摆件供人欣赏；质量稍差一些的紫晶可以磨成素面用于镶嵌，也可制成珠子，打孔串制成项链或手串等；雕刻成工艺品后剩下的边料，人们用它来加工成盆景，如招财树，总之加工者会发挥原料最大的作用。

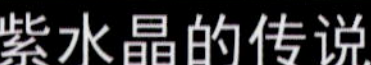

紫水晶的传说

关于紫水晶还有一段略带忧伤的传说。据说，很久以前，酒神举办了一次森林酒会。酒神醉酒后，看见了美丽的少女阿曼斯特，想捉弄一下她，就让自己的猛兽攻击她，恰好女神黛安娜看见了这一幕，为避免少女被猛兽伤害，黛安娜施法将她变成了洁净无瑕的水晶雕像。酒神酒醒后，看到女孩的雕像，对自己的行为非常后悔，伤心之时，不小心把手中的葡萄酒洒在了少女的雕像上，结果雕像竟然变成了紫水晶。为弥补自己的过失和纪念这个女孩，酒神就用女孩的名字 Amethyst 来命名紫水晶。这就是我们今日所知的紫水晶（Amethyst）的由来。

图 | 天然紫水晶戒指

图 | 黄水晶招财树

3. 黄水晶

黄水晶是一种黄色的水晶，有黄色、浅黄色、金黄色、褐黄色、橙黄色等。宝石级的黄水晶非常罕见，橘黄色的水晶是高档品。黄水晶可增强财运，创造意外之财。黄晶的颜色是晶体中含有铁的缘故。黄晶的颜色和茶晶相比，更深、更艳，和黄玉（托帕石）很相像。黄玉也是一种宝石，很致密，硬度较高，比黄水晶更为名贵。不过颜色深的黄晶经常被充当成黄玉，二者不易分辨。在水晶品种中黄晶也属于名贵品种，巴西产的黄水晶比较有名。

图丨黄水晶原石切角手链

黄水晶也具有多色性，可有浅黄—黄、黄—橙黄、黄—褐黄多种。黄晶一般透明度比较高，内部特征与紫晶相同。天然的黄水晶产量稀少，常同紫晶及水晶晶簇伴生，市面上有很多黄水晶其实是紫晶加热处理而成的，加热处理属于优化，因此这类水晶仍然属于天然的，此外，还有的是合成的黄晶。黄水晶颜色美丽、璀璨耀眼，非常受消费者欢迎，只要是澄澈通透，都能称得上是上品，常被切割成戒面，制作首饰。由于天然黄晶出产得很少，因此价格还是比较高的。

图丨皇冠水晶戒指

黄水晶是财富之石，它所散发的黄色光芒能够使人们的财运变旺，黄水晶所招之财属于偏财，所以黄水晶最适合那些经常买彩票、股票以及想要通过偏财致富的朋友佩戴。佩戴黄水晶手链，可以非常好地吸引财富，改善自己的运势。黄水晶可以有效地增强事业运，帮助人们在工作上更上一层楼，取得事业的成功。这主要是因为，黄水晶能够让佩戴者的事业变得稳定，让佩戴者能够快速地发现并解决工作中存在的问题，所以自然有利于事业走向成功，于是它又被赞为商人之石。在健康方面，黄水晶还有很好的功效，黄水晶主脐轮，能够有效预防肠胃疾病，有利于肠胃保健。黄水晶还有增强自信的功效，天然黄水晶所散发的能量有利于佩戴者放松情绪，能够让那些有自卑心理的朋友树立信心、增加勇气，有勇气面对困难。黄水晶的能量还能够促使人头脑清醒，理清思绪，让佩戴者浮躁的心情平静下来，理性地思考问题，有效地解决问题。

4. 烟晶

烟水晶简称烟晶，是一种非常有吸引力的水晶，它的颜色主要为烟灰色、烟黄、黄褐和褐色。用烟晶石制作的眼镜，能防止紫外线对眼睛的伤害，避免阳光对眼睛的强烈刺激，清凉明目，因此戴起来格外舒服，能有效地保护眼睛。在中国，烟黄色、褐色水晶被叫作茶晶，质量上乘的茶晶颜色均匀、无杂质、整体通透。烟晶有浅褐色—烟褐色、褐色—棕色的多色性。

烟晶的颜色是由水晶成分中含有的微量铝导致的。烟晶长期处在高热环境中，会褪色，加热后可变成无色水晶。实验中，通过放射性照射可将白水晶变成烟晶，烟晶也常有丰富的气液包裹体和金红石包裹体。苏格兰是烟晶的发源地，当地的居民普遍喜欢把烟晶和色彩斑斓的民族服饰搭配，烟晶在那里很受推崇。世界上还有很多国家出产烟晶，巴西、美国、瑞士、西班牙都有烟晶矿床，缅因州、新罕布什尔和科罗拉多地区产的茶晶尤其有名。

图 | 茶水晶手链

图 | 绿水晶项链

5. 绿水晶

绿水晶的颜色是绿到黄绿色，是由于晶体内含微量元素铁形成的这种颜色。自然界出产的绿水晶极其稀少，现如今，天然产出的绿水晶几乎没有了，现在的绿水晶中有好多是紫水晶加热成黄水晶过程中的一种中间产物。现在市面上售的大的绿水晶晶簇一般是是合成绿水晶。

天然绿水晶非常罕见。巴西米纳斯吉拉斯州所产的绿水晶是紫水晶经热处理制成的。中国有好几处绿水晶产地被发现，其中江苏东海县的产量最为丰富，云南和北京西山也有一定产量。

我国古代又把绿水晶称为青水晶，明朝人谷泰曾在赏石专著《博物要览》中记载:“其青色者如月下白光，俏丽可爱。”

人工培育的绿水晶的莫氏硬度为 7，整体通透，晶体纯净少杂质，颜色从浅绿到深绿色都有。人工培育的水晶透明度高，颜色纯正美丽，与天然水晶的矿物成分是一样的，在国际标准中没有分别。

图 | 绿水晶耳坠

6. 粉水晶

粉水晶有许多别致的称呼，如“芙蓉石”、“蔷薇水晶”、“玫瑰水晶”、“祥南玉”等，它是著名的爱情宝石，其颜色从淡红色至蔷薇色，由于含有微量的锰和钛而形成的这种娇艳的颜色。粉水晶不宜长时间在阳光下曝晒，否则会褪色。粉水晶质地较脆，一般是半透明至透明，多呈云雾状，由于颜色浅淡，基本上无多色性。粉水晶的光泽是玻璃光泽至油脂光泽，呈裂隙发育，裂隙内常有褐铁矿等杂质填充。有的粉水晶内含有针状金红石包裹体，与包裹体方向平行磨制成的弧面形宝石可显现星光效应。

图 | 粉晶戒指

图 | 天然粉水晶吊坠

中国的新疆、云南、内蒙古等地出产粉水晶，巴西出产的粉水晶质量最佳。粉水晶常用于雕琢项链、吊坠或小型摆件等。深颜色的粉水晶更受人们欢迎，较深的桃红色很名贵，近于白色的淡粉色最便宜，另外带有星光效应的芙蓉石价值也很高。

半透明的粉水晶看起来粉嫩娇羞，犹如娇滴滴的芙蓉花，是深受女性青睐的宝石。相关研究报告称，粉晶簇在巴西的米纳斯吉拉斯州有出产，但是产量稀少，粉晶簇从不透明到半透明的都有，比较通透、颜色较淡的粉晶簇也被一些人称为红水晶。粉晶簇的形态基本都是柱身相黏，到晶柱尖端才会分开。

图 | 粉晶水滴吊坠

粉晶可以分为以下四种：

（1）传统粉晶

传统粉晶一般不透明，其内部经常有白色石纹、天然云雾或天然冰裂纹等瑕疵，这种粉晶产量多，因此价格也相当便宜。

（2）芙蓉粉晶

芙蓉晶的特点是晶体稍稍透明、温润光滑、颜色娇嫩。质量上乘的芙蓉晶不带任何的白色石纹，其颜色粉嫩娇羞、灵动可人，晶体表面光滑饱满，甚至有一些芙蓉晶的质地犹如油脂般温润光洁。

（3）冰种粉晶

冰种粉晶晶莹清澈、透明度高，因像冰一样澄澈、具有凉爽感而闻名。一些质量极佳的冰种粉晶还会带有粉嫩的质感，这种粉晶内部也比较少有天然云雾或冰裂纹等瑕疵。

图丨冰粉水晶吊坠

（4）星光粉晶

星光粉晶首先要求晶体上没有石纹，也没有裂纹等瑕疵，整体比较通透，还要有粉嫩娇艳的粉红色泽；其次在单一光源下要能看到三条直线中心相交形成六道明显的光芒，要具有这种星光效应。星光粉晶一般具有粉粉白白的质感，但也不可太过明显，否则视觉效果也不会太好。所以说，比较值得购买的星光粉晶应当是一颗整体通透、不浑浊、带有明显星光效应且颜色是娇艳可人的粉红色并带有温润光泽的水晶。

图 | 紫黄晶双排手链

7. 双色水晶

双色水晶，顾名思义就是带有两种颜色的水晶。紫黄晶是我们在市面上最常见到的双色水晶。紫黄晶就是一块水晶上既有紫色又有黄色，紫色、黄色各占据晶体的一部分，两种颜色相接的地方有明显的界限，这是水晶的双晶或是紫水晶经过天然高温（如地热、温泉或火山爆发）加热后所形成的黄色色带。梦幻的紫色和璀璨的黄色都是很受欢迎的颜色，它们相互搭配，夺人眼球，紫黄晶深受人们青睐，很有市场。漂亮的紫黄晶比紫晶、黄晶的价格都要高，紫黄晶色彩迷人，而且它们一般瑕疵比较少，所以非常受人们的喜爱。

目前玻利维亚是紫黄晶的最大产地，南美的其他几个国家有少量产出。玻利维亚有一座世界著名的紫黄晶矿，名叫安拉哈矿。17 世纪时安拉哈的一位公主嫁给了一位西班牙征服者，此矿就是公主的嫁妆，被对方接管，从这时玻利维亚的安拉哈矿开始享誉世界。

在国内市场上，由于紫黄晶比紫水晶更有价值，很多商家为了获得更多的利益会把紫水晶加热，然后制成紫黄晶售卖。当然，国家标准是允许这种加热处理的，因为这属于优化处理。紫色水晶经过热处理可得到黄水晶，若想将紫水晶变成双色的紫黄晶，就需要用 450~550℃的温度加热处理，这中间也有可能得到过渡色——绿色。紫、绿、黄三种颜色中，拥有其中任何两种颜色，都可以称为双色水晶。不过，很少见到带有绿色的双色水晶。

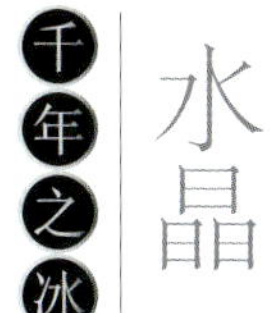

按光学效应分类

水晶猫眼

具有猫眼这种特殊光学效应的水晶叫作水晶猫眼，水晶猫眼又名石英猫眼、勒子石。猫眼的形成和晶体内部的包裹体有关。如果有大量细密的平行排列的管状包裹体、金红石针状包裹体、纤维状包裹体存在于水晶晶体内，把这样的水晶加工成弧面形宝石，其表面就会显现猫眼效应。水晶猫眼具有精美的猫眼状光带，呈半透明至微透明状，颜色常见的有灰色，此外还有黄、棕黄、灰黄、黄绿、灰绿、灰褐、棕褐、黑褐等，颜色多种多样。有些石英猫眼石是由青石棉或普通石棉这种纤维构成的。极品水晶猫眼属猫眼绿发晶，可以和金绿猫眼一较高低，这种猫眼内含的发丝密集纤细，故猫眼效应非常明显，是不透明的，一般呈灰绿至深绿色。在一定的光线下，此种水晶猫眼如同黑夜中猫的眼睛，闪着灵动的光，若隐若现，灵活多变，这类珠粒在水晶市场上是不容易见到的。斯里兰卡、印度和巴西是石英猫眼的主要产地。

星光水晶

具有星光效应的水晶就是星光水晶。而星光效应就是指弧面形宝石上有两条或两条以上交叉的亮线。它的形成需要宝石内部有两组以上的定向排列的针状、纤维状包裹体。星光水晶有六射星光和四射星光之分。

图 | 水晶猫眼食指戒

按内部的包裹体特征分类

1. 发晶

发晶就是有纤维状、草束状、丝状、放射状、针状或发丝状排列的矿物存在于无色透明的水晶内，因此看起来就像是发丝被包含在了水晶里面一样。金红石、黑色电气石（黑碧玺）、阳起石、角闪石、绿帘石、针铁矿等同态矿物构成了这些发状矿物包裹体。水晶内的矿物晶体颜色不同，因而发晶形成了不同的颜色。例如：钛晶、金发晶、红发晶、银（白）发晶、黄发晶是因为晶体内含有金红石；黑发晶是因为晶体中含有黑色电气石；而大部分绿发晶是因为晶体内含有阳起石。在发晶的形成过程中，因矿物质的排列方式及形成方式不同，有时就会产生红兔毛发晶、黄兔毛发晶等，这种发晶体内的包裹物很细柔，人们俗称“兔毛”。发晶是水晶中的珍贵品种，它自然生成，璀璨华丽，趣味盎然。发晶能带来财运，让人富贵吉祥，也有辟邪转运的功效。

图 | 天然发晶手链

图 | 天然发晶塔链

图 | 天然钛晶手镯

钛晶是发晶中极为珍贵的，水晶体的颜色一般为白色或茶色，内部的红色或黄色针状或发丝状矿物为化学成分是二氧化钛的金红石。钛晶饰品虽没有千变万化的形状，其效果却是丰富多彩的，有时仅发丝的粗细与排列方向的不同，就可形成种类繁多的组合图案。为了不损坏发晶内发丝的完整美，极品钛晶一般会做成吊坠。钛晶极其美丽又非常稀有，成为了水晶中最昂贵的宝石，特别适合开朗乐观、青春洋溢的女孩子佩戴，让她们显得更加神采飞扬。

钛晶和金发晶有些相似，金发晶的包裹体一般呈丝状或细发状。而钛晶晶体内的含有物呈粗针状或板状，这是因为钛晶内含板钛矿和锐钛矿两种矿物，而这两种矿物一般结晶后会成板状。

图 | 精品红发晶雕件

红发晶也是一种罕有的名贵水晶，其颜色是浅红至深红色的，一般是透明的，有的因局部红色较深，为半透明。红发晶内发丝丝丝缠绕、疏密有致，令人赏心悦目，透露出温婉的气质。红发晶产量也比较少，常制作项链或手串等首饰，块度大些的可做成雕件。材质优良、内含细柔红色发丝的红发晶，具有非常大的收藏价值，是可遇不可求的上品，在水晶家族中占有重要地位。巴西就曾经出产过质量极佳的红发晶。据报道，在日本曾发现过一种红发晶，可以发出磷光，非常奇妙。

2. 水胆水晶

水胆水晶就是透明水晶晶体的内部含有较大的液态包裹体，因为晶内蕴含的液体似动物胆囊而得名，这里面的液体存在了千万年。如果摇晃比较大块的水胆水晶，有些还能看到液体在滚动。有些晶体在形成过程中生长速度较快，与它混在一起的岩浆热液、水溶液等被包裹在晶体内，水胆水晶由此形成。水胆有各种形状，球形的最漂亮，拿在手里摇动，气泡会左右晃动，十分有趣，水胆水晶是水晶中极为珍贵的品种。

水胆水晶中的水胆，可能蕴含在各种颜色的水晶之内。透明的水晶与晶莹的水珠融为一体，静止观看时，不易分出哪里是晶，哪里是水。

有一位来自东海县的水晶收藏家，搜集到一块名字叫作“红水胆龙戏珠”的奇晶。红、绿、黄三色水胆蕴含于通透的晶体内，固、液、气三体都具备，内含大小水胆竟达 12 个，彩色水胆蕴含在透明的水晶中，真是少见，令人叹为观止。还有一位宝石爱好者得到了一块和乒乓球差不多大的水晶，内含 6 个水胆，被命名为“六胆大顺球”，象征着六六大顺。

图 | 天然水胆紫晶

图 | 水胆水晶

水胆水晶已是珍品，如果还能发光就更加珍贵了。曾经有一位四川丹巴的村民偶然获得了一枚晶体中中浮动些许绿色物的水胆水晶，这些绿色物在夜间可以发出荧光，被叫作“夜明珠”。可惜主家不懂珍藏，好奇其发光缘由，就把它砸开了，水漏尽了，那绿色物也不发光了。水胆越大，水胆水晶就越名贵。中国地质博物馆藏有一块水胆水晶，有拳头大小，里面的液体直径约 3 厘米，十分名贵。

有一位湖南的宝石收藏家珍藏着一只 6.2 厘米长、5.7 厘米宽、3 厘米厚、水胆直径约 4 厘米的大块水胆水晶，晶体内共有三腔，腔腔相隔，每腔内的水都可以汩汩流动，不得不说是大自然的神奇造物，实在是奇妙无穷。

图 | 水胆水晶

图 | 幻影水晶手串

3. 幻影水晶

一些绿色或其他颜色的矿物质包含于无色、浅色透明的水晶里，这些内含物看上去如云雾、水草、树木、山水甚至金字塔等天然景观，好像这小小的水晶可以包含宇宙的天地万物，这就是幻影水晶，又名异象水晶。水晶在生成的过程中，遭遇了环境的剧烈改变，如地壳变动和气候交替等，这使得水晶生成的元素发生了变化，其表面吸附或介入了其他的元素，形成雾状薄膜，在接下来的生长过程中，又不断吸附包容其他元素，便逐渐形成了一层又一层的影子或金字塔幻影等，这就形成了幻影水晶。幻影水晶内含物的颜色各不相同，我们把它们分为红幽灵水晶、白幽灵水晶和绿幽灵水晶等。大家熟悉的名称一般是绿幽灵水晶、苔藓水晶等，此类水晶内部包裹着灰白到浅绿再

图 | 天然红幽灵手链

图 | 绿幽灵水晶项链

到深绿的绿泥石，由于水晶晶体是透明的，而包裹体不透明，它们之间常产生充满魅惑的光与影，非常美丽。幽灵水晶有形态各异的包裹体，有的似山水风景，有的像古埃及金字塔。这些包裹体在水晶内部构成各种各样的、连画家也不一定画得出来的风景，大自然在水晶内形成的各种如梦如幻、形象逼真的风景图画，惟妙惟肖，令人啧啧称奇，这也使得这些水晶价值不菲。幻影水晶具意象之美，一幅幅诡异的图景幻影其实就是地质变迁的见证。

幻影水晶千般变化，尤其是奇妙的金字塔水晶更是极品。在水晶晶体内会形成完整的、犹如古埃及金字塔模样的图景，这真是令人难以理解，人们无不对其称赞，深受珍藏者喜爱。金字塔水晶还被认为能聚集能量、调节气场。

生辰与宝石

☆农历一月、二月：这两个月份出生的女士宜佩戴白水晶，男士宜佩戴金发晶。农历一月为寅月，二月为卯月，属木。这两个月份降生的人命中木较盛，白水晶和金发晶五行属金，这样佩戴可调整木盛的情况，使五行得以平衡有利于增加运势，也可以很好地保养肝脏。

☆农历三月：本月出生的女士宜佩戴粉晶，男士宜佩戴红玛瑙。农历三月为辰月，属土，节令为清明，节气为谷雨，此月份雨水颇多。而粉晶及红玛瑙五行属火，二者可帮助辰月降生的人，平衡此月内过多的水而生旺辰月的五行土，还可以调节肠胃功能。

☆农历四月、五月：这两个月份出生的女士宜佩戴黑曜石，男士宜佩戴黑玛瑙。黑曜石能有效消除负能量，能辟邪化煞，守护佩戴者，保平安，农历四月为巳月，五月为午月，五行皆属火，又正处在炎热的夏季，而黑曜石和黑玛瑙皆属水，佩戴之可以缓解过于强旺的五行火，能帮助人头脑清醒。

图 | 紫黄水晶手链

☆农历六月：本月降生的女士宜佩戴白幽灵，男士宜佩戴白晶、黑曜石。白幽灵能够让人头脑清醒，还能保护视力、吸收电磁波。白晶可辟邪化煞、消除负面能量。农历六月为未月，五行属土，节气为小暑、大暑，此时酷热季节就要结束。白幽灵、白晶五行分别属金、水，黑曜石属水，适宜该月份出生的朋友佩戴，以金水之五行平衡较旺的火土，有预防心脑血管疾病的效用。

☆农历七月、八月：该月出生的女士宜佩戴紫晶，男士宜佩戴绿幽灵。紫晶可以启迪智慧，使佩戴者与他人和谐相处，使人冷理智地面对问题。绿幽灵则可促使人事业进步、财源广进。农历七月为申月，八月为酉月，节令为立秋、白露，是秋季之月份。秋季在五行中属金，而七、八月份也属金，所以该月出生的人金旺盛。紫晶、绿幽灵属火，佩戴这两种宝石能克制调整金，有预防呼吸道疾病的功效。

图 | 黄水晶水滴间圆珠项链

图 | 三叶情水晶吊坠

☆农历九月：此月出生的女士宜佩戴粉晶，男士宜佩戴红玛瑙。农历九月为戌月，五行属土。节令为寒露、霜降，渐入冬季，其性偏寒。最适宜佩戴五行属火的粉晶和红玛瑙，可预防鼻敏感、感冒。

☆农历十月、十一月：此两个月份出生的女士宜佩戴红石榴石，男士宜佩戴茶晶。红石榴石对应海底轮，适宜体质较弱、气血不调的女性佩戴，可增加一个人的活力，促使人很好地与他人相处，还能加速伤口的愈合。茶晶可以强化人体海底轮，使人减缓衰老。农历十月为亥月，十一月为子月，五行属水。节令为立冬、大雪，寒气较重。此时节出生的人宜佩戴属火的红石榴石和属土的茶晶平衡五行，还能够调节内分泌失调。

☆农历十二月：此月份出生的女士宜佩戴紫晶，男士宜佩戴红玛瑙。农历十二月为丑月，五行属土。节令为小寒，节气为大寒。紫晶和红玛瑙皆属火，此月出生的人佩戴这两种饰品有助于调整大寒之气，可促进事业顺利，还可以预防心脑血管疾病。

图丨紫水晶平安吊坠

图丨黄水晶招财吊坠

图 | 黄水晶吊坠——鱼跃龙门

水晶饰品欣赏

水晶饰品分类

近年来，中国珠宝首饰业迅猛发展，珠宝产品种类的丰富程度大大提高。过去珠宝玉石是专属皇家贵族、特权阶层的，如今普通老百姓也可以拥有。百姓有能力购买自己喜爱的珠宝首饰，一方面可以保值，另一方面可以起到很好的装饰作用。随着经济文化的全球化，中国的珠宝观念、加工工艺和时尚潮流与国外的这些方面有机融合、互相影响。如今的珠宝款式繁多，可满足各年龄层段人们的需求。大粒的有色宝石越来越受欢迎，珠宝款式紧跟时尚潮流。

现在水晶饰品的主体风格主要有 4 种类型，即复古型、自然型、简约型和民族特色型。不同的风格具有不同的特点，能表现出不一样的气质。传统经典款式依然存在，花、鸟、鱼、虫、水滴等大自然中的美丽事物更是经常在首饰中出现，特别是千娇百媚的花卉更是设计师们设计常用的元素。与此同时，首饰中还添加了许多个性化元素，如今简单中性的首饰最受年轻人欢迎，不论是戒指还是耳环，都使用流畅的线条，化繁为简。伴随复古、自然、简约之风，具有中国传统特色的雕刻饰品在全球珠宝首饰行业内逐渐崭露头角，这种饰品有自身独特的气质和风格，与西方传统首饰不大相同，相当夺人眼球。

水晶首饰

以前，首饰单指戴在头上的饰物，现如今，人们佩戴在头、手、耳、颈上的饰品都叫首饰。根据佩戴的位置不同，可将首饰分类。戴在头上的叫头饰，如发卡、头箍、发带、发插、发簪等；戴在耳朵上的是耳饰，如耳环、耳坠、耳钉等；戴在手上的是手饰，如手镯、手串、手排、戒指、戒指、扳指等；戴在脖颈上的叫项饰，如项链、串饰、念珠、长命锁、吊坠等；戴在鼻子上的称鼻饰，如印度妇女在鼻上穿洞系环。

水晶戒指

相关研究发现，距今 4000 多年的时候，就有中国人开始佩戴戒指了。到秦汉时期，妇女已经比较普遍地佩戴戒指。东汉时期，在民间，戒指已有定情的作用了，青年男女会赠送指环，借此表达爱意。到了唐代，就非常盛行把戒指作为定情信物了，并一直延续到了今天。

图 | 天然黄水晶手链

图丨925纯银紫水晶戒指

水晶戒指的款式有单颗粒镶、群镶、包边镶、爪镶。所镶的水晶叫作戒面，戒面有刻面的，也有弧面的，有各种各样的款式。主要有大方简约型、豪华富丽型，还有极具个性的艺术型、花型。豪华款水晶戒，具有非常高贵的气质，主要由一颗色彩艳丽的水晶为主石并配以其他钻石等名贵珠宝，以贵金属做底托镶嵌。大方简约型水晶戒具有简约精致的风格，仔细观察会发现，每颗水晶的切割面都非常有光彩，璀璨闪耀，气质出众，单粒镶的戒指突出的是单个水晶的特点。艺术型水晶戒是往往比较夸张，深受一些标新立异的人们的喜爱。花型水晶戒可采用多粒水晶群镶成各种花朵造型，也可单粒制成心形或是花朵型，这种款式非常适合淑女佩戴。

水晶手串

手串就是把珠宝制成珠子后打眼穿成串的一种首饰，是一种偏中性的饰品，男女都可根据个人喜欢的颜色、款式来选择佩戴。如今，水晶手串的款式、造型、创意及做工等都在不断地改善，人们更注重它的玩赏性和艺术性。水晶手串摘戴方便，颜色五彩斑斓，已成为最畅销的饰品，人们闲暇时，在观赏、把玩的过程中可以获得许多精神上的享受，能产生舒适、高雅的情趣。

水晶手串种类繁多，可以是同一种颜色的，如黄晶手串、白水晶手串、紫晶手串、芙蓉石手串、烟晶手串等；也可以多种颜色组合，如紫黄晶手串、红黄绿发晶（也叫福禄寿）手串等；还有发晶、钛晶制作的手串等。一般来说珠串是 18 粒的，根据手腕粗细和珠子的大小，粒数也会有所不同。男士佩戴黄发晶、钛晶或烟晶手串的较多，女士的选择则更多一些，常选购红黄绿发晶、粉晶、紫晶、黄晶、黄发晶和钛晶手串等。另外，在人们日常生活和各种交往活动中，人们也经常把手串作为礼品赠送，也有恋爱中的男女把它作为信物，佩戴情侣手串等。水晶手串是亲朋好友、情侣之间表达祝福、联系感情的馈赠佳品。

图 | 黄水晶手串

水晶项链

一款美丽的项链可尽显女性的魅力和妩媚。从古至今，水晶项链有很多款式，有串珠项链、悬挂项链、垂饰项链等，既有可以绕颈几圈的长项链，也有紧贴脖子的短项链，可谓应有尽有。在市场上串珠状项链是很流行的。除了圆珠外，珠粒可以有很多形状，有菠萝状、灯笼状、足球状等；串珠项链的颜色也是丰富多彩，有无色的、紫色的、茶色的、墨色的、烟色的，等等。在古代，紫晶是相当罕有而名贵的宝石，皇家贵族都渴望拥有紫晶饰品。拿破仑的皇后约瑟芬曾佩戴过一串品质上乘、做工精致的紫晶项链，当时这串项链是价值连城的。水晶项链一直以来也深受中国女性的喜爱，我们可以根据自己的脸型、年龄及服装等来选购适合自身气质的水晶项链。人们美化

图 | 天然紫水晶项链

图 | 水晶项链——化蝶

自己的时候，美化脸型是十分重要的，而项链的长短粗细，对于修饰美化人的脸型来说作用很大。巧妙地佩戴项链可以适当地改变脸部的视觉效果。长脸和长脖子的人适宜佩戴短项链，因为一般情况下，短项链会使人的脸看起来变宽，脖子看起来变粗；戴多串项链会使人的脖子显得瘦长，应注意，本身脖子就较长、瘦的人，这样佩戴就会使瘦长的脖子显得更长；长脸细脖子的人戴上一串水晶项链或花链，会显得脸变宽了一些，脖子也会显得粗一些，而一个圆脸或脖子粗短的女性戴上一串长项链或里面配上一串较细小的项链，会使人感到其脸部轮廓被拉长了，从而会显得更加和谐；椭圆型脸蛋的人，无论佩戴哪种项链，都显得很漂亮。我们佩戴项链不应过分强调水晶本身的特点，而应该注意水晶项链和自身的搭配，使佩戴者看起来更加漂亮。

巧妙地佩戴水晶项链，才能更好地发挥其作用。还可将长水晶项链套在手腕上，当成手链佩戴，也可以作为脚链。也可将水晶项链缠绕住头发，替代发饰。这不仅增加了饰物的作用，更体现一种新观念，还达到了一物多用的目的。

水晶耳饰

水晶耳饰是戴在耳朵上的水晶饰物，主要以耳坠、耳环、耳钉为主。小巧精致，透亮闪耀的水晶耳饰，散发着迷人的魅力，是一件圣洁高雅的艺术品。不同款式的耳饰，闪耀在耳边可以吸引不同人的目光，达到美化形象的目的。公元前 3000 年左右古埃及人就已佩戴水晶耳环了。那时的王公贵族佩戴耳环是象征着权力，谁佩戴的耳环价值更高，谁的权力就更大。在文艺复兴时期英国开始盛行佩戴耳环，当时的男女都把佩戴耳环作为一种礼仪，耳环的材料包括黄金、珍珠、水晶、钻石等很多宝石种类。进入 19 世纪以后，欧美开始流行小粒珍珠、水晶或石榴石之类的珠宝制作的耳饰。

大的、繁琐的水晶耳饰，佩戴时显得妩媚，有风情；小巧、精致的水晶耳饰显得佩戴者秀美可人；简洁的、夸张的，或是小动物形的水晶耳饰可以满足年轻人标新立异、追求时尚的心理。

图 | 黄水晶耳环

图 | 绿水晶吊坠式耳饰

图 | 925 纯银紫水晶耳钉

水晶饰品选购

购买水晶饰品先要明确购买目的。这其中包括要购买什么价位的，自己佩戴还是赠送亲友，是要作为藏品还是作为一般的饰品，对水晶的寓意是否有要求等。

水晶的种类繁多，可供我们任意选购。我们选择时，要注意水晶和脸型、发型、年龄、性格、场合、职业、服装、用途等方面的匹配。

选购如项链、手串、佛珠等的水晶珠链，首先要确定是真品，然后再检查质量。鉴别质量首先看珠链的颜色、质地是否一致，若是比较通透澄澈的粒珠，观察是否有杂质、裂痕等瑕疵，如果有就最好不要购买。再看水晶珠链做工是否精细，制作工艺对成品的影响也很大。包括水晶珠粒切割的小刻面有多少面，水晶珠链最好的可高达 108 面，刻面越多，制作越精致，其价值越高。然后看粒珠大小是否一致，两边的粒珠是否对称，单粒晶珠的孔眼是否打在了珠子的中央，孔眼是否平直。通常情况下，孔眼直径约为 1 毫米，检查孔眼的大小是否一致，孔壁是否光滑，有无细小裂纹。串珠的松紧也要合适，整条项链拎直时，要成为一条直线而不旋转，并且有下垂的感觉，放下后能自然盘曲，若扭成“麻花”状，制作工艺就是不过关的。穿粒珠的线或尼龙绳要结实耐用，否则会因水晶孔眼的摩擦而受损，易使珠链断开甚至丢失珠粒。珠链的簧扣要牢固，同时要灵活、好用，佩戴后要保证舒服，不会磨伤皮肤。试戴时也要看一下珠链的长短，是否适合自己。

水晶饰品保养

无论是水晶首饰还是水晶摆件，外形无不晶莹剔透、光洁璀璨，万分惹人怜爱。因而，购买水晶饰品的人，都很关注水晶饰品的保养，下面我们介绍一下这方面的知识。

（1）水晶饰品最好单独存放，以免其他饰品和水晶在一起相互碰撞摩擦，对水晶饰品造成损害。

（2）水晶表面明亮、有光泽，应尽量避免沾上汗渍、油垢或尘埃，而使水晶失去光泽。每次佩戴首饰后，皆需用软布擦拭一下。

图丨清中期 水晶羊形摆件

图 | 黄水晶招财树

（3）如果要清洗水晶首饰，可将首饰放在性质温和的肥皂水中，用软毛刷轻刷，或用清水轻轻冲洗首饰，这是最简单方便的清洁方法。清洗完毕后，把雕件放在不含棉绒的毛巾上风干。大型摆件要安置在安全的地方，如果上面落了灰，可用不含绒毛的布料轻轻擦拭，也可直接用水冲洗，然后置于阴凉处自然晾干。

（4）水晶虽然比较硬但同时也很脆，因此应小心轻放，细心呵护，避免和其他硬物磕碰，也不要重压，以防其受损。在搬运大型水晶摆件或器皿时，不要只抓水晶的外延部位，应抓紧水晶的底座或整个水晶摆件。暂时不用的水晶首饰要小心安置在软盒内。

（5）水晶具有稳定的化学性质，但裂隙或其他伴生矿物的性质容易改变，所以应注意不要令水晶接触强酸、强碱及其他化学腐蚀性物品，否则这些腐蚀性物品就会沿着裂纹腐蚀水晶。

（6）高温容易使水晶褪色或产生大的裂纹，因此不要把水晶饰品置于高温的水中，也不能曝晒在阳光下或受强光直射。要想保持紫水晶鲜艳的色泽，就应尽量避免对其高温加热与放射性辐射。也不能让强光长时间直射放在珠宝陈列柜中的水晶，因为颜色鲜艳的水晶会因此褪色，水胆水晶可能会失水。

水晶的功效与作用

1. 白水晶（王者水晶）

白水晶的主要功能是镇宅辟邪、清除负能量、供佛修灵、保佑吉祥。白水晶可使人冷静镇定，做事情能集中精神、启发智慧、发掘人体的潜能。白水晶的磁场可以净化人的身心，使人体和谐健康，驱散负面能力，给人们带来好运。

2. 黄水晶（财富水晶）

黄水晶的主要功能是带来财运，还有利于促进肠胃消化。黄水晶中的黄光可以带来偏财运，可带来意想不到的收获。黄水晶可强化人体脐轮，除保健肠胃外，对肝、肾、脾、胰的运转都有帮助。

图丨白水晶摆件

图丨黄水晶皇冠项链

图 | 天然粉水晶宝石戒指

3. 粉水晶（爱情水晶）

粉水晶的主要功能是舒缓心情，促成姻缘。粉红光可提高人际交往能力，让佩戴者获得人脉，与紫水晶相同，粉水晶还可增进男女间的感情，促进爱人之间和谐相处。同时开发心轮，助人收获一份美好的感情，促进心、肺功能的健康，可缓解循环系统和呼吸器官的疾病。

4. 绿幽灵水晶（事业水晶）

绿幽灵水晶的主要功能是招正财，推动事业发展，财源广进。绿幽灵水晶中的绿光能有力地凝聚财富，若想事业更上一层楼，遇上更多的机遇，就可以佩戴绿幽灵水晶。绿幽灵水晶还可促进免疫系统健康，使人身体和谐健康，事业上不断取得进展。

图 | 绿幽灵吊坠

图丨韩国水晶吊坠和耳钉套件

5. 紫水晶（灵性水晶）

紫水晶的主要功能是启发心智、提高直觉，使人沉着冷静，改善人际关系。紫水晶能缓和浮躁不安的情绪，令人镇静理智。紫水晶还可以可促进夜晚安眠，启发智力，提高记忆力。紫水晶很适合脑力工作者佩戴，可以使佩戴者思维敏捷，思考时能全神贯注，当出现问题时，有利于佩戴者理智冷静地面对。在爱情、友情、亲情及同事的相处上，紫水晶都有一定的帮助。

6. 发晶（权威水晶）

发晶的主要功能是提升胆识，使人更加果断。发晶内的发丝带动磁场，可以加倍增加能量。同时发晶可弥补人优柔寡断的缺陷，使人更有魄力。发晶是期望有担当和成大事者的不二之选。

（1）黄发晶。也以增加财运著称。另外当人们理性跟感性交战而拿不定主意时，佩戴黄发晶可以有效调和这两种认识，协助人们作出正确的决定。

（2）黑发晶跟黑曜石同样具有消除负能量的效力，佩戴黑发晶可以阻挡不好的气场入侵，很适合生病的人或是经常出入复杂场所、经常需要夜出的朋友佩戴，能有效祛除不良浊气。

（3）红发晶。可有效增加人体活力，有利于促进佩戴者与他人感情和谐，调整女性激素分泌，对于女生的气血调和、新陈代谢有非常好的效果，常常佩戴红发晶可以让人面色红润有光泽，皮肤更细腻光滑。

图 | 金发晶手串

水晶的真假鉴定

图丨白水晶摆件——平步青云

近些年来，水晶市场不断升温，越来越多的人购买水晶制品，市场上的水晶产品多种多样。其中难免有一些商人以次充好、从中牟利，水晶市场鱼龙混杂，广大消费者需要了解水晶的鉴定方法。

水晶的鉴定技法

要鉴别水晶的真假，不妨从下面几方面来看。

（1）观察法。天然水晶的形成，经过了一个极为复杂的过程，环境对这一过程的影响很大，因此会有不少杂质存在于晶体中，在光线下仔细观察，可以看到天然水晶常含有气态、液态或固态包裹体；而仿制的天然水晶一般是用残次的水晶渣、玻璃渣熔炼，再经过打磨、着色等方法制造而成，晶体中的条纹或柳絮状杂质的颜色均一，感觉很呆板。

图丨茶晶吊坠

（2）通过感觉。天然水晶冰凉清爽，即使在酷暑难耐的夏季，用手接触或者用舌头舔天然水晶的表面，都能有凉爽感；而仿造的水晶，则感觉不到清凉。

（3）光照效应。太阳光下观察竖放的天然水晶，不管从哪个角度，水晶都是璀璨闪耀的；假水晶则不然。

（4）检测硬度。天然水晶很坚硬，用碎石轻划水晶表面，不会留下痕迹；而大多玻璃或塑料水晶仿制品就会留下条痕。

（5）用头发丝检查。天然水晶具有双折射性，因此将一根头发丝放在水晶后面，透过水晶看到的头发丝应该是双影的。

（6）用偏光镜检查。在偏光镜下，转动 360° 观察，天然水晶有似明似暗的变化；而假水晶是没有变化的。

（7）用二色检查。天然紫水晶有二色性；假水晶没有二色性。

（8）用放大镜检查。在透射光下用十倍放大镜观察，假水晶基本都能找到气泡。

（9）用热导仪检测。将热导仪调节到绿色 4 格测试宝石，天然水晶能上升至黄色 2 格；而假水晶不上升，当面积大时上升至黄色 1 格。

总 策 划

王丙杰　贾振明

责任编辑

张建平　李晨曦

排版制作

腾飞文化

编 委 会（排序不分先后）

玮　珏　苏　易　晨　钟

青　铜　张　羽　田文山

黄少伟　杨明月　夏　洋

责任校对

李新纯

版式设计

张　婷

图片提供

贾　辉　周　翔　李　茂

http://www.nipic.com

http://www.huitu.com

http://www.microfotos.com